FÁBIO ALVES

Colunista do Broadcast e
do jornal *O Estado de S. Paulo*

ME ACORDE QUANDO EU ESTIVER RICO!

SOBRE POUPAR E INVESTIR EM TEMPOS DE CRISE

ALTA BOOKS
E D I T O R A

Rio de Janeiro, 2017

Me Acorde Quando eu Estiver Rico — Sobre poupar e investir em tempos de crise
Copyright © 2017 da Starlin Alta Editora e Consultoria Eireli. ISBN: 978-85-508-0174-2

Todos os direitos estão reservados e protegidos por Lei. Nenhuma parte deste livro, sem autorização prévia por escrito da editora, poderá ser reproduzida ou transmitida. A violação dos Direitos Autorais é crime estabelecido na Lei nº 9.610/98 e com punição de acordo com o artigo 184 do Código Penal.

A editora não se responsabiliza pelo conteúdo da obra, formulada exclusivamente pelo(s) autor(es).

Marcas Registradas: Todos os termos mencionados e reconhecidos como Marca Registrada e/ou Comercial são de responsabilidade de seus proprietários. A editora informa não estar associada a nenhum produto e/ou fornecedor apresentado no livro.

Impresso no Brasil — 2017 - Edição revisada conforme o Acordo Ortográfico da Língua Portuguesa de 2009.

Publique seu livro com a Alta Books. Para mais informações envie um e-mail para autoria@altabooks.com.br

Obra disponível para venda corporativa e/ou personalizada. Para mais informações, fale com projetos@altabooks.com.br

Produção Editorial Editora Alta Books	**Gerência Editorial** Anderson Vieira	**Produtor Editorial** **(Design)** Aurélio Corrêa	**Marketing Editorial** Silas Amaro marketing@altabooks.com.br	**Vendas Atacado e Varejo** Daniele Fonseca Viviane Paiva comercial@altabooks.com.br
Produtor Editorial Thiê Alves Claudia Braga	**Supervisão** **de Qualidade** **Editorial** Sergio de Souza	**Editor de Aquisição** José Rugeri j.rugeri@altabooks.com.br	**Vendas Corporativas** Sandro Souza sandro@altabooks.com.br	**Ouvidoria** ouvidoria@altabooks.com.br
Assistente Editorial Renan Castro				
Equipe Editorial	Bianca Teodoro Christian Danniel	Ian Verçosa Illysabelle Trajano	Juliana de Oliveira	
Revisão Gramatical Jana Araujo Vivian Sbravatti	**Layout e** **Diagramação** Joyce Matos	**Ilustrações e Capa** Aurélio corréa		

Erratas e arquivos de apoio: No site da editora relatamos, com a devida correção, qualquer erro encontrado em nossos livros, bem como disponibilizamos arquivos de apoio se aplicáveis à obra em questão.

Acesse o site www.altabooks.com.br e procure pelo título do livro desejado para ter acesso às erratas, aos arquivos de apoio e/ou a outros conteúdos aplicáveis à obra.

Suporte Técnico: A obra é comercializada na forma em que está, sem direito a suporte técnico ou orientação pessoal/exclusiva ao leitor.

Dados Internacionais de Catalogação na Publicação (CIP)
Vagner Rodolfo CRB-8/9410

A474m	Alves, Fábio
	Me acorde quando eu estiver rico: sobre poupar e investir em tempos de crise / Fábio Alves. - Rio de Janeiro : Alta Books, 2017.
	256 p. : il. ; 14cm x 21cm.
	Inclui bibliografia e índice. ISBN: 978-85-508-0174-2
	1. Economia. 2. Finanças pessoais. I. Título.
	CDD 332.024 CDU 330.567.2

Rua Viúva Cláudio, 291 — Bairro Industrial do Jacaré
CEP: 20970-031 — Rio de Janeiro - RJ
Tels.: (21) 3278-8069 / 3278-8419
www.altabooks.com.br — altabooks@altabooks.com.br
www.facebook.com/altabooks

Ao meu irmão/pai
Francisco Alves da Silva Filho (Quinha)

SUMÁRIO

Agradecimentos vii

Prefácio xi

Apresentação xvii

Introdução 1

CAPÍTULO 1
Aposentadoria, o Brinquedo mais Caro 9

CAPÍTULO 2
No Brasil, a Força dos Juros 61

CAPÍTULO 3
Por que comprar se eu posso alugar? 107

CAPÍTULO 4
O primeiro passo para arrumar a bagunça 145

CAPÍTULO 5
Quão Rico é Ser Rico? 181

Índice 233

AGRADECIMENTOS

Quero agradecer às minhas irmãs Ivanise, Iranise (Neija), Isabel e Leda pelo amor e carinho por toda uma vida. Ao meu cunhado, Ricardo Larocerie, pela atenção de todas as horas. Aos sobrinhos e sobrinhas queridos: Ana Flávia Alves e Tiago Silva; Vanessa Larocerie e Anselmo Brol; Tatiana Larocerie e Moisés Barbosa; Ricardo Henrique Larocerie e Yeda Cunha; Emanoel (Manuca) da Silva e Sarah da Silva; Wagner da Silva e Marilei da Silva; Magna Silva e Jaime Padilla; Ana Paula Xavier e Rafael Jaxx; Marcílio Silva e Sabrine Souza. E aos meus sobrinhos-netos Pedro, Gustavo e Leo.

Gostaria também de deixar minha gratidão ao economista e ex-diretor do Banco Central, Luís Eduardo de Assis; ao economista Samuel Kinoshita; e ao superintendente-geral da ABRAPP, Devanir Silva. Além da paciência em me explicar conceitos, eles foram supergenerosos em acrescentar informações e corrigir erros de rota.

Como não agradecer tanto e tanto à minha companheira de almoços e cafezinhos, além do ombro amigo, Elizabeth Lopes? E também à super querida Victoria Bowman-Shaw.

E o que falar das horas ao telefone em que incomodei minha amiga tão amada Anne Warth? Obrigado, minha alemã preferida!

Meu carinho eterno para Léa de Luca e Camila Belintani.

E o meu amor para as amigas de Brasília Vânia Cristina Cristino e Heliana Dantas, que sempre me deram tanto apoio!

Agora, paciência mesmo tiveram os meus amigos de redação, e também de fora da redação, que seguraram a minha onda nos momentos difíceis e até riram das minhas piadas duvidosas:

Silvana Rocha, Ana Luísa Westphalen (e Leonardo Westphalen Francisco), Luciana Antonello Xavier, Niviane Magalhães Lima (e o Twix e o Toddy), Maria Regina Silva, Luana Pavani, Francisco Carlos de Assis, Ricardo Leopoldo, Daniel Galvão, Sérgio Caldas, Karin Sato, Karla Spotorno, Altamiro Silva Júnior, Gabriela Korman, Tomas Okuda, Circe Bonatelli, Camila Turtelli, Tereza Chamorro, Denise Abarca, Bianca Ribeiro, Paula Dias, Renata Pedini, Alexandre Mendonça Leal, Letícia Sorg, Adriana Nery, Fernando Dantas, Marcelle Gutierrez, Victor Rezende, Anna Carolina Papp, Renato Jakitas, Eduardo Laguna, Caio Oliveira Rinaldi, André Ítalo Rocha, Thaís Andrade, Flavia Alemi, Daniel Weterman, Cristian Favaro, Malena Oliveira, Daniel Parke, Raquel Brandão Inácio, Celso Ming, João Caminoto, Ricardo Grinbaum, Alexandre Calais, Ricardo Rossetto, Nathália Larghi e Jéssica Alves.

O meu carinho aqui aos amigos de longa jornada Teresa Navarro e Mauro Arbex, Cley Scholz, Yolanda Fordelone, Graziela Ferreira de Azevedo, Danilo Tovo, Lourdes Tovo, Francine Tovo Broggio, Juliano Broggio, Benjamim Tovo Broggio, Stefânia Akel Serrano e Vinícius Leitão Serrano, Fabi Holtz, Marcelo Stoppa, Hilton Hida, Márcio Vieira (LPG total!), Márcia Leal, Carla Jimenez, Laura e Santiago Xavier Smith, Camila Fontana Correa, Rosana Aby-Azar, Camila Façanha, Mariana Congo, Gabriela Azevedo Forlin, Fátima Cristina dos Santos, Kátia e Márcia Côrtes.

Meu agradecimento também às companheiras de tantas entrevistas, bate-papos e cafés do Café Com Pauta: Denise Barbosa, Denyse Godoy, Thaís Heredia e Luciana Magalhães.

Por fim, aos amigos de Nova York e Washington, sempre presentes na minha vida: Angela Pontual, Cristina Aby-Azar e Stephen Meeter. E sem esquecer da minha terapeuta, Pearl Broder.

PREFÁCIO

Da infância à aposentadoria, o brasileiro se depara com vários tabus financeiros, transformados quase em superstição. No meu caso, o primeiro preceito com o qual tive contato foi a velha história de que eu precisava ter a minha casa própria; um ativo físico que garantisse a proteção do meu patrimônio contra uma possível desvalorização da moeda.

Em um país com um histórico de volatilidade econômica até meados da década de 90 e altas taxas de inflação, nada mais natural que proteger o patrimônio alocando a reserva em bens tangíveis, como imóveis e até mesmo dólares. Era esse o conselho repetido pelos meus pais (e por muitas outras pessoas) durante toda a minha fase de desenvolvimento.

Além disso, somos educados para estudar bastante ao longo da vida e alcançar um emprego estável, em uma boa empresa, para assim ter a garantia de uma aposentadoria pública tranquila pelo Instituto Nacional do Seguro

Social (INSS). Com o rombo nas contas públicas, essa aposentadoria garantida tornou-se um sonho cada vez mais distante do trabalhador. Aqui, cabe a reflexão sobre por que todos os brasileiros criam mitos ao redor das finanças; mitos que não se provam verdadeiros.

Na década de 1940, ainda sob o governo de Getúlio Vargas, as leis trabalhistas dispostas na Consolidação das Leis do Trabalho (CLT) criaram alguns desses conceitos perpetuados pelos brasileiros. A CLT parte da premissa de que as pessoas não conseguem construir uma poupança de médio e longo prazo. Então, cabe ao Estado poupar por elas e garantir tudo isso automaticamente, via recolhimentos compulsórios no salário, como é o caso do INSS, do Fundo de Garantia de Tempo de Serviço (FGTS) e da garantia do Seguro Desemprego.

Esse contexto econômico mudou radicalmente na década de 1990, após a implementação do Plano Real. A nova moeda e mudanças nos parâmetros da política econômica fizeram com que a inflação se estabilizasse, tornando possível o planejamento de médio e longo prazo por parte dos cidadãos e empresas.

A segunda premissa, a da aposentadoria garantida pelo INSS, foi se quebrando na sociedade mais recentemente, quando o país se viu diante de um rombo crescente no sistema previdenciário. As reformas no sistema previdenciário acabaram com as certezas de uma aposentadoria estável e suficiente para manter o mesmo padrão de vida no futuro.

Muitos brasileiros sabem atualmente que o INSS pode não ter reservas suficientes no futuro e que deveriam fazer esse colchão de previdência por conta própria. Ainda assim, quase um em cada três de nós está negativado em bancos de dados de crédito e pouquíssimos conseguem ter um planejamento suficiente para se sustentar na fase idosa.

Parte do problema da falta de planejamento passa pelo momento econômico que o Brasil viveu após décadas de hiperinflação. Nos anos 2000, o sistema financeiro se viu diante de um boom de crédito, um crescimento exponencial do saldo de empréstimos, cartões de crédito emitidos e pessoas com acesso a diversas linhas, inclusive ao cheque especial.

A ampla oferta de crédito, inclusive de linhas com altas taxas de juros, aliada à carência de educação financeira, tornou-se uma bomba relógio no orçamento da maioria. Hoje, temos um problema de endividamento da população em modalidades caras de crédito. No cheque especial, os juros superam os 300% ao ano, o que significa que a dívida quadruplica em apenas um ano.

Enquanto os dois primeiros tabus foram apresentados a mim ainda durante o meu desenvolvimento, o último problema – o do endividamento – foi vivenciado de perto. Na época do boom de crédito, estava prestando consultoria para grandes bancos e seguradoras, e, portanto, totalmente por dentro do momento financeiro das pessoas. Antes disso, havia sido diretor da AlfaSol, uma entidade que atua na área da educação solidária.

Foi nessa mesma época que conheci meu grande amigo Benjamin Gleason, que tinha experiência em produtos digitais por ter sido diretor de uma empresa de compras coletivas, e também na área social, pois morou na favela da Rocinha durante a reestruturação de uma ONG.

Dessa vontade de melhorar a percepção das pessoas sobre o próprio bolso, unida à experiência no mundo financeiro, surgiu a ideia de fundarmos o GuiaBolso, um aplicativo que ajuda as pessoas a gerenciarem seu dinheiro automaticamente. Ao mesmo tempo em que o risco de colisão é grande caso alguém resolva dirigir um carro sem um painel de dados, entendemos que o consumidor não consegue fazer boas escolhas para o bolso se não tiver o auxílio de uma boa planilha.

Além do enfrentamento de tabus e do problema de endividamento, a experiência com o GuiaBolso trouxe novos aprendizados e levantou outros problemas culturais relacionados às finanças. Descobrimos, por exemplo, que as pessoas superestimam a renda em cerca de 8%, justamente por não considerarem o ganho líquido (já descontado o Imposto de Renda e outras contribuições), mas sim o bruto.

E, apenas por ter acesso às informações de maneira organizada, algumas das questões já são resolvidas. Um em cada quatro usuários do GuiaBolso sai do cheque especial após três meses de uso do nosso "painel" de informações financeiras. Para quem já poupava algo, o valor economizado mais que dobra após este período inicial.

Com essas percepções de como ajudar o brasileiro a melhorar suas finanças, o GuiaBolso cresceu nos últimos anos e, no começo de 2017, já contava com 3,3 milhões de usuários. No Brasil, porém, ainda existem outras milhões de pessoas que podem estar sem algum tipo de controle financeiro. Por isso, disseminar conhecimentos e histórias que ajudem a quebrar os tabus e estimular a melhora financeira torna-se tão importante. E o livro vai justamente nesse sentido.

Quando recebi o convite para escrever este prefácio fiquei muito feliz porque não se trata de um apanhado de dados ou de indicações sobre produtos financeiros. A carteira e decisões no mundo das finanças são muito individuais. Mais importante do que dar sugestões é ensinar as pessoas a fazerem escolhas se livrando de velhos preconceitos.

Ao contrário do que se pode pensar inicialmente, o autor Fábio Alves não é um especialista em finanças, ou alguém que sempre levou a cabo uma organização financeira regrada e equilibrada. Pelo contrário, ao longo do livro, ele relata sua experiência pessoal de descontrole financeiro com o cartão de crédito. Mesmo tendo um histórico de bons empregos e uma boa formação acadêmica, ele, como muitos brasileiros, viu-se dirigindo sem o "painel" por muitos anos.

Por meio de relatos pessoais e de outras pessoas, o livro quebra alguns tabus e traz à luz algumas discussões, como o fato de comprar um imóvel nem sempre ser a melhor decisão financeira, a força dos juros compostos no Brasil, que torna a renda fixa a queridinha dos investimentos, a barreira cultural da educação financeira e a falta de organização do orçamento, e, ainda, o planejamento para a aposentadoria fora de produtos pré-moldados, como fundos de previdência privada.

O desemprego, que assolou quase 13 milhões de brasileiros no fim de 2016, de maneira amarga obrigou o consumidor a rever essas e outras questões. E discutir de forma transparente esses temas é o primeiro passo no caminho da melhora financeira.

Thiago Alvarez,
Fundador e CEO do GuiaBolso

APRESENTAÇÃO

O brasileiro tem uma relação tumultuada com o dinheiro, o que pode ser explicado por décadas de inflação alta, durante as quais planejar o futuro se limitava a pensar em alguns meses à frente. Os que tinham uma renda mais alta conseguiam proteger parte do seu poder de compra, deixando a sobra do dinheiro aplicado no banco, graças à brasileiríssima "correção monetária". Aos mais pobres, restava correr aos supermercados e lojas no dia do pagamento e comprar o que pudessem antes que as máquinas de remarcar preços devorassem seus ganhos.

Em um mundo assim, o único planejamento possível era acompanhar o índice de inflação do mês e esperar o próximo plano econômico, que congelaria os preços por alguns meses, até a ciranda retornar. Foram sete planos em oito anos, sendo o Collor o mais traumático, atacando a inflação de 80% ao mês com um golpe só: o congelamento das aplicações financeiras. Mas, se o golpe não foi fatal para a inflação alta, acabou com a confiança dos brasileiros na inviolabilidade de suas aplicações.

Foi só a partir do Plano Real, em 1994, que o brasileiro passou a conviver com uma quase normalidade econômica. A inflação, apesar de ainda elevada, tornou-se estável, permitindo a reconstrução de um sistema de aplicações e empréstimos com mais opções e prazos mais longos, e até a volta do crédito imobiliário.

No entanto, o país pulou a fase do aprendizado sobre como usar o crédito e organizar o orçamento, uma falha grave, especialmente porque os juros reais continuaram altos. Assim, durante o período de bonança mundial, os brasileiros se lambuzaram no crédito fácil, pensando que as financeiras doavam dinheiro e que os limites de cheque especial eram parte de seus salários. Até os bancos, que ficaram décadas sem emprestar, contribuíram para essa ilusão, distribuindo crédito nas ruas como camelôs. Empregadas domésticas compraram carros zero quilômetro e nossa classe média montou seu enxoval em Miami.

A explosão dos cartões de crédito ajudou a alimentar essa miragem, já que nem era preciso ter dinheiro no bolso ou no banco para comprar o que se quisesse. Veio, então, a crise econômica e a inevitável ressaca do porre de crédito, com a disparada dos calotes. Apavorados, os bancos pisaram fundo no freio dos empréstimos. Mas o estrago já estava feito. Hoje, milhões de famílias estão endividadas. E engana-se quem pensa que são apenas os mais pobres que não sabem lidar com o dinheiro. Há muitas famílias de alta renda, executivos, profissionais liberais, que perderam o controle de suas contas, não por falta de recursos, mas por falta de educação. Educação financeira.

O próprio país também despertou para a necessidade de haver um planejamento financeiro e um preparo para o envelhecimento da população, o que implicará impor limites para a Previdência Social e a importância de difundir que cada um tenha suas economias. E, quanto mais cedo as novas gerações começarem a se preocupar com isso, menor será o seu esforço, contando com a ajuda dos juros elevados pagos no Brasil para engordar essa poupança, enquanto essa boquinha durar. A tecnologia trouxe também instrumentos para facilitar tanto a aplicação dos recursos como o controle do orçamento, com planilhas eletrônicas que ajudam a cortar desperdícios.

Nesse ambiente, obras como a do jornalista Fábio Alves são importantes. Elas mostram para as novas gerações, os "millennials", os erros do passado e a importância de saber lidar com o dinheiro, mesmo que com objetivos diferentes dos de nossos pais. Como jornalista econômico, Fábio acompanhou de maneira privilegiada grande parte das transformações do país, tendo enfrentado ele mesmo o descontrole financeiro, o que torna sua experiência ainda mais rica para ser compartilhada com os que acham que isso nunca vai acontecer com eles. E, com sua vivência diária no mercado financeiro e da economia, ele pode indicar as melhores formas de se organizar, formar uma poupança e planejar a aposentadoria de maneira tranquila, sem sacrificar o presente, mesmo para quem, como ele, também está começando tarde. Mas nunca é tarde demais para colocar as contas em ordem.

Angelo Pavini,
Editor do blog Arena do Pavini

INTRODUÇÃO

A imagem que as pessoas geralmente têm dos ricos é daqueles sortudos que herdaram uma fortuna de família, de quem conseguiu se destacar nas artes ou no esporte, de quem se tornou um empresário bem-sucedido vindo de origem humilde ao ter uma ideia brilhante, ou de quem ganhou na loteria. Ninguém pensa no sujeito de classe média que passa uma vida inteira no seu emprego mediano, no batente durante oito horas por dia. A faísca que me impulsionou a escrever este livro foi a história de algumas pessoas que conseguiram amealhar uma fortuna ou um patrimônio suficiente para deixar de trabalhar e viver de renda muito antes da idade oficial de aposentadoria. E comparei essas histórias com a minha, que, até alguns anos atrás, poderia ser considerada um desastre financeiro. Depois de morar muitos anos fora do Brasil (dez anos em Nova York e dois anos em Londres), eu me mudei de volta a São Paulo, no segundo semestre de 2010, prestes a completar 42 anos, sem casa, carro ou qualquer outro patrimônio que pudesse exibir como "minha riqueza", a não ser uma intensa experiência de vida. Aliás, voltei, sim, com algo na bagagem: uma dívida no meu cartão de crédito americano.

O retorno ao Brasil foi também a volta aos trilhos, financeiramente falando. Jornalista econômico, recoloquei-me no mercado de trabalho e passei a pensar no meu futuro: como financiaria minha aposentadoria, meu plano de saúde, a compra ou não da casa própria. Nem passava pela minha cabeça ficar rico. Tudo mudou quando passei a brincar com os meus colegas de trabalho dizendo que, assim que eu ficasse rico, nunca mais teria que vê-los novamente. Ninguém achava graça no que eu dizia, óbvio. Mas tudo mudou quando li, por acaso, um artigo de um jornal americano sobre um senhor que havia deixado, aos 92 anos, uma fortuna de US$8 milhões ao morrer, tendo trabalhado apenas em um posto de gasolina e como zelador de uma loja de departamentos. Pensei comigo mesmo: "Vou ficar rico!".

Obviamente, eu tinha o tempo contra mim. Quanto mais cedo se começar a poupar e a investir, maior será a probabilidade de conseguir juntar um patrimônio significativo. Foi o que aquele senhor americano fez. Mesmo assim, decidi colocar em prática o projeto "Ficar Rico". Somente ao eliminar os gastos excessivos e absurdos que fiz durante tantos anos, a economia foi impressionante. Montei uma estratégia de poupança e investimento. É preciso dizer que este não é um guia de finanças pessoais, que ensina as pessoas a investirem em determinada aplicação financeira.

É, na verdade, um livro que reúne as escolhas que fiz para tomar as rédeas da minha vida financeira e, quem sabe, no fim das contas, ficar rico. Decidi, por exemplo, que vou passar a alugar, e não tentar comprar a casa própria via financiamento imobiliário, ao menos até ter certeza de em que lugar do mundo eu vou querer me aposentar. Fiz os cálculos e achei que essa era a escolha que mais fazia sentido do ponto de vista financeiro. Em relação aos investimentos, percebi que meu horizonte de aplicação é bem mais curto, dada a minha idade avançada, para absorver os altos e baixos da bolsa de valores brasileira. Enfim, ao ler sobre minhas escolhas, o leitor poderá se ver em muitas delas. Poderá querer repetir algumas delas ou mesmo poderá dizer para si: "Que bom que li isso, pois é exatamente o que eu não quero fazer para mim!". No entanto, uma coisa é certa: quantos brasileiros deixaram de poupar e investir para o futuro, arrependendo-se depois de não terem sido mais precavidos? Não estou sozinho nessa situação. Como eu, existem milhares de brasileiros, urbanos, profissionais liberais, que nem sempre trilharam um caminho racional quando se trata das finanças pessoais.

Agora é a hora de mudar o jogo.

Depois de o Brasil ter enfrentado uma das piores recessões de sua história econômica em 2015 e 2016, resultando em mais de 14 milhões de desempregados e em um forte recuo no Produto Interno Bruto (PIB), chegou o momento de fazer escolhas estratégicas em termos de poupança e investimento, para aproveitar a recuperação da economia e, quem sabe, a bonança nos próximos anos. Mais do que isso: no momento em que o Congresso Nacional discute e vota reformas estruturais importantes, como a da Previdência e a trabalhista, é preciso parar e pensar como se preparar para o futuro dependendo o mínimo possível de benefícios pagos pelo governo. Não é mais viável deixar a sua renda nas mãos do governo quando você deixar de vez o mercado de trabalho, assim como não é recomendável depender do sistema público para cobrir suas necessidades na área da saúde quando você envelhecer. Este livro traz uma discussão sobre tudo isso, lançando mão de dados, pesquisas e levantamentos.

O livro está dividido em cinco capítulos.

No primeiro, falo da minha estratégia de acumulação de patrimônio para a aposentadoria. O objetivo é financiar um padrão de vida desejado por mim quando deixar de vez o mercado de trabalho. E não é somente pensando nas coisas boas da vida, como viajar ou me dedicar a algum hobby sem me preocupar com dinheiro. É também pensar em como arcar com os custos com plano de saúde, remédios ou até internações hospitalares. Quase ninguém se preocupa com esses custos, que tendem a aumentar à medida que envelhecemos. Pensar na acumulação de patrimônio para a aposentadoria não significa necessariamente ignorar a Previdência Social, ou seja, as contribuições ao INSS. É se prevenir para as mudanças que devem ocorrer na Previdência Social e se planejar para viver os anos de aposentadoria dependendo do INSS para uma parcela menor da renda. O texto traz fórmulas que ajudarão a calcular o quanto será necessário poupar para conseguir financiar os anos de aposentadoria.

O segundo capítulo discute a força do retorno composto proporcionado pelos juros no Brasil, ao contrário do que sempre ocorreu nos Estados Unidos, onde o mercado acionário foi o instrumento utilizado por muitos americanos para formar um patrimônio para a aposentadoria, quando não simplesmente para enriquecer. Menciono, por exemplo, uma comparação de desempenho entre aplicações que acompanham a variação dos juros e da bolsa de valores brasileira em um período de 20 anos. Faço também simulações de retorno de aplicações em títulos do Tesouro Nacional, o que permite uma ideia do que o retorno composto dos juros no Brasil pode ser capaz na formação de uma poupança de longo prazo.

No terceiro capítulo, escrevo sobre um velho dilema do brasileiro: comprar a casa própria ou alugar? Cito o meu próprio exemplo: em 2015, pressionado por familiares e amigos, me lancei em uma empreitada para comprar o meu primeiro apartamento, apesar de esse não ser o melhor negócio do ponto de vista financeiro. Mostro a valorização impressionante dos imóveis residenciais no Brasil entre o início de 2001 e meados de 2014, comparando com o desempenho de outras aplicações financeiras, como a caderneta de poupança, a bolsa de valores e o dólar, em igual período. Mostro como alugar um imóvel pode ser, em várias situações, a melhor decisão financeira.

Os temas do quarto capítulo são a educação financeira e a organização do orçamento familiar. Cito uma pesquisa mundial sobre o nível de conhecimento de conceitos financeiros básicos, concluindo que dois em cada três adultos no mundo são considerados analfabetos financeiros. E quem não domina esses conceitos básicos está mais propenso a contrair dívidas e a ter menor capacidade de poupar. Ao falar de organização do orçamento pessoal e familiar, mostro como dois casais conseguiram, por meio de um controle maior de gastos e receitas, atingir o objetivo de se aposentar bem mais cedo do que a idade oficial de aposentadoria de seus respectivos países. Mostro também como o controle do orçamento familiar é um instrumento imprescindível para quem tem de enfrentar um evento inesperado, como o desemprego.

No quinto e último capítulo, conto a história de como cheguei bastante endividado ao início da minha quarta década de vida e, por meio de uma mudança de atitude e da adoção de uma nova estratégia, consegui começar a juntar uma poupança no âmbito do meu novo projeto de vida: "Ficar Rico!". Neste capítulo, discorro sobre o que é ser rico ou quanto dinheiro a pessoa precisa ter para dizer que é rica. Cito diferentes pesquisas e levantamentos que tentam dar uma noção do que é riqueza em vários lugares do mundo, e de onde as pessoas se encontram em uma pirâmide patrimonial.

Ser rico, para mim, é viver experiências gratificantes, inesquecíveis e que acrescentem um propósito às nossas vidas. Será "ter muito dinheiro" uma condição necessária e única para isso? Não necessariamente. Mas as necessidades básicas do mundo estão custando cada vez mais: moradia, alimentação, entretenimento, viagem, saúde, educação, entre outras. Assim, é impossível fechar os olhos para uma tarefa que as pessoas geralmente evitam: consumir racionalmente, poupar, e não simplesmente antecipar o consumo; investir pacientemente em um plano de longo prazo e se preparar para o futuro. Ao deixar o planejamento financeiro para o futuro como a segunda, a terceira ou a última prioridade nas suas vidas durante anos seguidos, as pessoas chegam à idade de se aposentar tendo como um dos maiores arrependimentos o fato de não terem sido precavidas financeiramente ao longo da vida.

Este livro fala do meu exemplo, das minhas escolhas certas e erradas e da minha nova estratégia para o futuro. Não pretende ser, de maneira alguma, um manual de investimento ou de finanças pessoais. O livro é, na realidade, um esforço de diálogo com o leitor sobre temas que envolvem finanças pessoais, macroeconomia e escolhas de vida, minhas e de outras pessoas cujas histórias estão aqui relatadas. Por mais tarde que eu tenha começado o meu projeto "Ficar Rico", sempre é hora de mudar atitudes e dar uma reviravolta na vida. E, depois de tanto tempo fazendo escolhas erradas do ponto de vista financeiro – de investimento e de consumo –, espero estar despertando dessa realidade. E quem sabe não acordando outra pessoa, de preferência rico!

São Paulo, fevereiro de 2017

APOSENTADORIA, O BRINQUEDO MAIS CARO

CAPÍTULO 1

Quando o presidente Michel Temer enviou a proposta de reforma da Previdência ao Congresso no início de dezembro de 2016, a primeira coisa que me ocorreu foi: "Aposentar, nunca mais!". Esse, aliás, foi o título de uma coluna que escrevi para o jornal O Estado de S. Paulo, em fevereiro de 2017, quando a tramitação dessa proposta avançava na Câmara dos Deputados. Até então, a grande polêmica do projeto apresentado pelo governo, alvo das manchetes de jornais, revistas e canais de televisão, foi a exigência de 49 anos de contribuição ao INSS – o sistema público de aposentadoria que atende aos trabalhadores do setor privado – para se conseguir o benefício com o valor integral. Mas nem de longe era esse o ponto mais espinhoso e o que mais me preocupava na reforma da Previdência. Tampouco era a fixação da nova idade mínima de aposentadoria em 65 anos para homens e mulheres. O que mais me chamou a atenção foi a proposta de aumento do tempo mínimo de contribuição, de 15 para 25 anos, para conseguir se aposentar.

Se, antes dessas mudanças serem apresentadas pelo governo, eu já tinha consciência da necessidade de acumular um patrimônio para financiar meus anos de aposentadoria sem depender dos benefícios pagos pelo sistema público de Previdência, após os detalhes da proposta de reforma, percebi a urgência de eleger como prioridade para minha vida financeira poupar para a aposentadoria. Dentro do meu projeto "Ficar Rico", a estratégia para a aposentadoria passou a ser o centro e o objetivo final de todas as minhas decisões. Tanto assim que, ao decidir não mais comprar a casa própria e passar apenas a alugar, a lógica por trás dessa decisão foi: o que seria mais vantajoso do ponto de vista de acumulação de patrimônio para a aposentadoria? Igual raciocínio foi aplicado quando passei a considerar uma estratégia sobre em quais aplicações financeiras e em que prazo e horizonte de investimento eu alocaria minha poupança, sobre o que pretendo discorrer mais adiante neste capítulo. "Ficar Rico" passou a significar viver confortavelmente durante a aposentadoria. Esse período, inclusive, é fator de incerteza, uma vez que ninguém pode prever quando vai morrer, embora possa tomar como parâmetro mais conservador a expectativa média de vida dos brasileiros. Se a idade mínima de aposentadoria for, de fato, elevada para 65 anos, não seria despropositado pensar em 20 anos de aposentadoria para alguém que cultive hábitos saudáveis de alimentação, exercícios físicos e acompanhamento médico frequente. Assim, a estratégia de poupança, de consumo, de gastos fixos básicos e de moradia precisa mirar na acumulação de um patrimônio que permita sustentar um nível de qualidade de vida confortável por, ao menos, 20 anos.

Aliás, um executivo que trabalha no setor de Previdência Privada me disse que a aposentaria seria o produto mais caro que eu compraria na minha vida. Isso certamente soou mais verdadeiro depois que o governo quis aumentar o tempo mínimo de contribuição ao INSS para 25 anos. Eu, por exemplo, morei 12 anos da minha vida economicamente ativa no exterior (em Nova York e em Londres) e, por culpa exclusivamente minha, não contribuí para a Previdência Social como autônomo. Com a aprovação das mudanças propostas pelo governo, eu teria de trabalhar, no mínimo, 37 anos para cumprir o tempo mínimo de contribuição. Todavia, com as transformações estruturais do mercado de trabalho nas últimas duas décadas, marcadas por um número crescente de pessoas que trabalham por conta própria, quem consegue permanecer 25 anos ininterruptos no mesmo emprego com carteira assinada e recebendo todos os benefícios trabalhistas e previdenciários? As sucessivas crises econômicas no Brasil e no mundo deixaram milhares de trabalhadores desempregados nos últimos anos, ou, no mínimo, as pessoas oscilaram entre empregos formais e informais com maior frequência. E quem resolveu sair do mercado de trabalho para estudar e conseguir uma melhor qualificação? Tudo isso fez com que muita gente deixasse de contribuir para a Previdência por determinado período.

A transformação estrutural do mercado de trabalho não se resume apenas ao Brasil. Um artigo no jornal americano The New York Times, publicado em fevereiro de 2017, mostrou a situação de vários cidadãos europeus em constante busca por um emprego permanente. Isso porque, após a zona do euro ter saído da crise financeira mundial de 2008, quando a economia da região desabou em uma recessão profunda e milhões de pessoas foram demitidas, as empresas europeias voltaram a contratar apenas mão de obra temporária. Ville Markus Kieloniemi, um dos citados na matéria, só conseguiu trabalhos temporários ao longo de três anos, após ter se formado em duas graduações (em Contabilidade e em Finanças). E, mesmo assim, foram empregos fora da sua área de formação, trabalhando como recepcionista em um hotel e como vendedor em uma loja de roupas masculinas. Foram oito empregos em três anos para esse finlandês de 23 anos. Não é difícil concluir, portanto, que as crises econômicas recentes ao redor do mundo parecem ter transformado as vagas de trabalho formais – com todos os benefícios trabalhistas e previdenciários – em um produto de um passado remoto.

O meu receio em relação ao aumento do tempo mínimo de contribuição é maior quando vejo o que aconteceu na Colômbia, onde a população enfrenta um processo parecido de envelhecimento e a informalidade do mercado de trabalho é elevada. Em 2003, os colombianos elevaram o tempo mínimo de contribuição pelo sistema público de 1.000 semanas (pouco mais de 19 anos) para 1.300 semanas (25 anos), estabelecendo uma idade mínima de 57 anos para mulheres e 62 anos para homens. No sistema privado, a exigência é de 1.150 semanas (pouco mais de 22 anos) para uma aposentadoria equivalente a um salário mínimo, mas não há tempo mínimo exigido se o participante tiver poupado na sua conta individual uma quantia necessária para garantir uma renda vitalícia equivalente a 110% do salário mínimo, o que equivale a quase 90% do salário médio naquele país.

Um estudo publicado em setembro de 2015 pela *Fundación para la Educación Superior y el Desarrollo* (Fedesarrollo) e pela *Fundación Saldarriaga Concha* mostrou que, em razão do crescimento da informalidade no mercado de trabalho e do acelerado processo de envelhecimento da população, os colombianos conseguem atingir, em média, apenas 15 anos de contribuição. Os dados desse levantamento indicam que a informalidade atinge 48,2% dos trabalhadores colombianos, mas esse percentual é de impressionantes 81% das pessoas acima de 50 anos. Ou seja, um enorme contingente da população não tem emprego formal (trabalha por conta própria ou não tem carteira assinada) com benefícios trabalhistas e previdenciários.

Resultado: atualmente, dos 5,2 milhões de adultos com mais de 60 anos, cerca de 3,5 milhões não recebem aposentadoria do sistema previdenciário na Colômbia. Ou seja, cerca de dois em cada três colombianos em idade de se aposentar se encontram sem cobertura. Não é à toa que 77,2% dos adultos acima de 60 anos não recebem qualquer tipo de renda, e ficam inteiramente dependentes dos familiares para sobreviver, segundo o estudo da *Fedesarrollo* e da *Fundación Saldarriaga Concha*. E quem mais sofre para conseguir contribuir com o sistema previdenciário colombiano é a população com menor nível de escolaridade e de salário. Segundo o estudo, mais de 60% dos trabalhadores com salários mais altos conseguem contribuir com o sistema previdenciário colombiano, em comparação com somente 15% daqueles com salários mais baixos. Se nada for feito, em termos de estrutura do mercado de trabalho e de educação, levando-se em conta ainda o processo de envelhecimento da população da Colômbia, o estudo alerta que das 15 milhões de pessoas que deverão chegar à idade de se aposentar em 2050, cerca de 12 milhões (ou quase 85%) não conseguirão receber a aposentadoria em razão de, entre outros motivos, não terem conseguido cumprir o tempo mínimo de contribuição.

A Colômbia e o Brasil têm um perfil populacional e de mercado de trabalho muito parecido. E a experiência colombiana de elevar o tempo mínimo de contribuição para conceder a aposentadoria deveria servir de alerta e também de incentivo para que as pessoas coloquem como prioridade formar uma poupança para quando deixarem de trabalhar. A expectativa de vida na Colômbia é de 76 anos, em comparação com 75,5 anos no Brasil. De acordo com dados do Instituto Brasileiro de Geografia e Estatística (IBGE), ao fim de 2016, cerca de 32,6 milhões de pessoas estavam na informalidade (10,5 milhões com empregos sem carteira assinada no setor privado e 22,1 milhões trabalhando por conta própria), enquanto que 34 milhões de brasileiros tinham emprego com carteira assinada de um total de 90,3 milhões da população ocupada. Em razão da recessão que afetou a economia brasileira em 2015 e 2016, o país perdeu cerca de 2,3 milhões de empregos com carteira assinada. Ou seja, muita gente passou a não ter condições de pagar as contribuições para a Previdência Social, ficando assim mais distantes do tempo mínimo de 25 anos de contribuição ao INSS que o governo quer exigir. Só para lembrar: o regime previdenciário brasileiro é composto por três pilares: o Regime Geral de Previdência Social (sistema público que atende aos trabalhadores do setor privado e com contribuição obrigatória para os empregos com carteira assinada); o regime próprio de Previdência Social dos funcionários públicos; e a Previdência Privada complementar (dividida entre os planos abertos oferecidos por seguradoras e bancos e os fundos fechados de pensão, ambos facultativos).

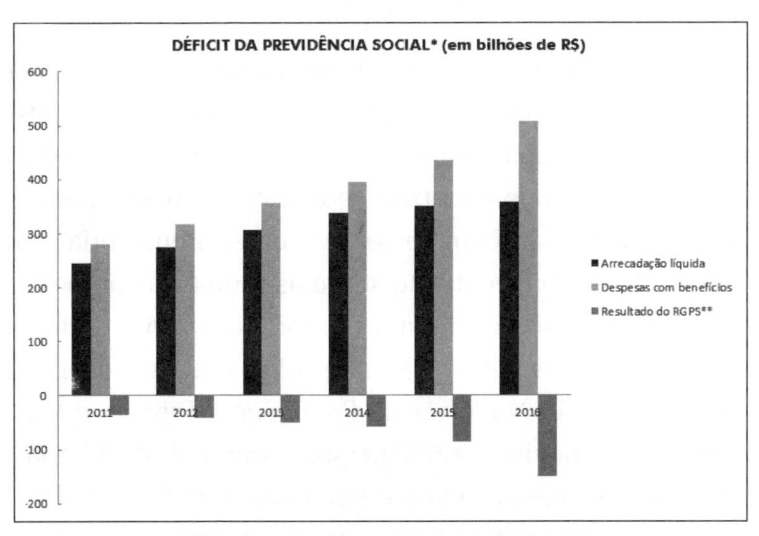

DÉFICIT DA PREVIDÊNCIA SOCIAL* (em bilhões de R$)

Ano	Arrecadação líquida	Despesas com benefícios	Resultado do RGPS**
2011	245	280	
2012	275	315	
2013	305	355	
2014	340	395	
2015	350	435	
2016	360	510	

FONTE: Fluxo de caixa do INSS, informar/DATAPREV
** Regime Geral da Previdência Social (RGPS)

Há, inclusive, a discussão sobre se, diante da transformação estrutural do mercado de trabalho, com jovens abrindo seu negócio ou trabalhando por conta própria ao se formarem no curso superior, uma vez que não encontram emprego com carteira assinada com todos os benefícios trabalhistas e previdenciários, não seria mais vantajoso deixar de pagar o INSS e investir o dinheiro na acumulação de um patrimônio para financiar a sua aposentadoria. Eu não recomendaria ignorar a Previdência Social, uma vez que o benefício pago pelo INSS é vitalício. Uma renda vitalícia requer um tremendo esforço de acumulação de patrimônio. Por outro lado, a aposentadoria paga pelo governo deveria passar a ser vista apenas como uma parcela menor da sua renda ao se aposentar, com a maior parte da sua receita mensal vinda dos recursos poupados por si próprio ao longo da vida.

Talvez, agora que a proposta de reforma da Previdência Social já é de conhecimento público, os brasileiros passem a se preocupar mais em relação ao futuro e comecem a planejar a poupança para representar a maior parte – e não apenas um complemento – da aposentadoria. Por enquanto, o conhecimento sobre as mudanças propostas e sobre a Previdência como um todo é baixo. Isso ficou evidente na pesquisa feita entre julho e agosto de 2016 pela Federação Nacional de Previdência Privada e Vida (FenaPrevi), ouvindo 1.500 pessoas com mais de 23 anos, de todas as classes sociais e em todas as regiões do País. Conforme o levantamento, apenas 11% dos pesquisados declararam saber muito ou o suficiente sobre o sistema público de aposentadoria. Mais ainda: 86% responderam que sabem pouco, não sabem nada ou desconhecem completamente o assunto. Apesar de a pesquisa ter sido feita apenas quatro meses antes de o governo enviar o projeto de reforma da Previdência ao Congresso, detalhando na imprensa as mudanças propostas, 44% das pessoas ouvidas responderam não ter conhecimento das discussões sobre a reforma.

Engana-se, porém, quem acredita que a falta de conhecimento geral sobre a Previdência – e não apenas sobre os detalhes da reforma – atinge apenas os cidadãos de renda mais baixa ou de menor escolaridade. Foi o que mostrou uma pesquisa feita em fevereiro de 2016 com 303 profissionais de Recursos Humanos e de departamentos financeiros de empresas com faturamento entre R$100 milhões e R$500 milhões, e também com 122 representantes de sindicatos patronais e de trabalhadores. A pesquisa, encomendada pela Associação Brasileira de Entidades Fechadas de Previdência Complementar (Abrapp) e realizada pela empresa de pesquisa TNS Global, mostrou que 30% dos profissionais ouvidos nas empresas declararam conhecer apenas "um pouco" do regime geral da Previdência Social, sendo que 41% disseram conhecer bem, 21% responderam "muito bem", 6% disseram "já ouviu falar" e 2% "nunca ouviram falar". Nos sindicatos, 40% dos pesquisados disseram conhecer "um pouco", 12% responderam conhecer "muito bem", 30% declararam conhecer "bem", 14% responderam "já ouviu falar" e 3% "nunca ouviram falar".

Haveria um motivo cultural para os brasileiros mostrarem tão pouco conhecimento sobre a Previdência Social? Na realidade, essa atitude de atribuir, na vida financeira, uma prioridade mais baixa à aposentadoria é um comportamento observado em quase todas as sociedades. Ao longo da vida, as pessoas priorizam o consumo imediato – gastando boa parte de sua renda – e não se preocupam tanto em poupar para o futuro ou, ao menos, acumular uma reserva de emergência para o presente. Uma pesquisa feita em 2016 pela seguradora Zurich, em parceria com a Universidade de Oxford, mostrou que uma parcela grande da população subestima os riscos de lhes acontecer algum evento que leve à perda de renda. O levantamento ouviu mais de 11 mil pessoas na Alemanha, Reino Unido, México, Estados Unidos, Itália, Espanha, Hong Kong, Suíça, Malásia, Austrália e Brasil. Em média, 38% dos entrevistados nesses países disseram acreditar que existe menos de 10% de chance de um evento inesperado, como doença ou acidente, interromper a sua capacidade de trabalhar e, portanto, de gerar renda. Segundo os dados dessa pesquisa, a probabilidade de um evento que resulte em incapacidade de gerar renda ao longo da vida de uma pessoa está em torno de 25%. Os brasileiros são ainda mais céticos quanto a esse risco: 41% dos entrevistados no Brasil disseram que há menos de 10% de chance de um evento inesperado ocorrer impedindo a geração de renda. A pesquisa também mostrou a precariedade financeira dos brasileiros: 28% dos entrevistados (quase um a cada três brasileiros) disseram que suas reservas financeiras não eram suficientes para sustentá-los por um mês inteiro caso perdessem a renda, via emprego ou qualquer outra fonte.

Um indicador calculado pelo Serviço de Proteção ao Crédito (SPC Brasil) e pela Confederação Nacional dos Dirigentes Lojistas (CNDL), a partir de janeiro de 2017, reforça essa percepção do despreparo do brasileiro com suas finanças. O Indicador de Reservas Financeiras mostrou que, em janeiro, 62% dos brasileiros não guardavam dinheiro nem possuíam reservas financeiras. O levantamento foi feito com 801 pessoas com idade acima de 18 anos em 12 capitais do país, de ambos os sexos e de todas as classes sociais. Uma parcela de 29% dos entrevistados disse guardar apenas o que sobra do orçamento mensal, e apenas 7% responderam que estabelecem um valor fixo todo mês para formar uma poupança. Entre esses poupadores, o valor médio poupado é de R$480,851 por mês. A proporção de poupadores nas classes A e B (58%) supera de longe a das classes C, D e E (30%). Em dezembro de 2016, 75% dos pesquisados afirmaram não ter conseguido guardar dinheiro.

O fato é que, desde sempre, os brasileiros confiaram que não somente em casos de invalidez, como também na aposentadoria por idade, o governo cobriria em boa parte as suas necessidades financeiras, quer seja em uma situação emergencial (de acidente, por exemplo), quer seja quando eles não mais pudessem participar do mercado de trabalho. Essa é uma situação que, nos últimos anos, tem se tornado mais difícil: o governo vem promovendo reformas para dificultar a concessão de pensões, visando controlar o deficit da Previdência Social. Em 2016, esse deficit bateu recorde histórico: R$149,7 bilhões, um aumento de 74,5% em comparação com o rombo registrado em 2015. Essa é, de fato, uma trajetória insustentável. Se nada for feito, o governo terá muita dificuldade para honrar os pagamentos dos benefícios no futuro. Na reforma enviada ao Congresso, o governo quer reduzir o valor das aposentadorias, fixando uma taxa de reposição (valor do benefício em relação ao salário) de 76% para quem alcançar a idade mínima de 65 anos e cumprir com a exigência de 25 anos de contribuição. Atualmente, para quem se aposenta por tempo de serviço, a taxa de reposição média está em torno de 80%. Para quem se aposentou por idade e recebeu o salário mínimo como benefício, a taxa de reposição dessa aposentadoria é de 100%.

Isso tudo me diz que não é mais possível delegar ao governo a responsabilidade de prover a maior parte da minha renda quando eu me aposentar. O sistema previdenciário brasileiro estará solvente e saudável o suficiente para honrar minha aposentadoria nas próximas décadas? O teto dos benefícios pagos cairá mais ainda com as eventuais novas reformas ao longo dos anos? Obviamente, essas são respostas difíceis de se ter neste momento. Ao escolher as estratégias de acumulação de patrimônio para a minha aposentadoria – onde investir minha poupança, o horizonte de tempo das aplicações financeiras, a expectativa de renda ao me aposentar, entre outros fatores –, decidi fixar como um dos parâmetros para calcular o esforço de poupança nos próximos anos que o benefício pago pelo INSS, ou seja, a Previdência Social, representaria entre 10% a 15% da minha renda total na aposentadoria, com a esmagadora maioria da receita mensal proveniente do meu próprio esforço de acumulação de patrimônio. Essa premissa – a de que o benefício pago pelo governo equivaleria a, no máximo, 15% do valor da minha aposentadoria –, pode ser demasiadamente pessimista para muitos, mas como eu comecei muito tarde a poupar visando a aposentadoria, depois dos 45 anos, achei mais prudente trabalhar com estimativas e premissas mais conservadoras.

Apesar do meu sentimento de culpa e de remorso por não ter sido mais precavido e poupado ao longo da minha vida, uma pesquisa feita nos Estados Unidos em 2016 pelo site financeiro *Bankrate* mostrou que estou longe de ser o único a ter esse sentimento: não ter começado a poupar cedo o suficiente para a aposentadoria é o maior arrependimento financeiro dos americanos, com 18% das respostas. Essa foi a resposta de 27% dos entrevistados com mais de 65 anos, e de apenas 4% das pessoas com idade entre 18 e 29 anos. No Brasil, um levantamento publicado em fevereiro de 2017 pelo SPC Brasil e pela CNDL mostrou que quatro em cada dez jovens brasileiros, entre 18 e 30 anos, não se preparam para a aposentadoria, sendo que, entre mulheres, esse percentual é de 48,2%. Entre as pessoas das classes C, D e E, essa parcela é de 43,6%.

Mas, um dos dados que mais reforçam a percepção de que o meu exemplo – ter começado a poupar para o futuro apenas após os 40 anos de idade – é muito mais comum do que se pensa é a idade da primeira adesão a planos de previdência privada aberta, os chamados PGBL (Plano Gerador de Benefícios Livre) e VGBL (Vida Gerador de Benefícios Livre). Na Brasilprev, que liderava o mercado brasileiro de previdência privada no início de 2017, superando R$200 bilhões em ativos sob gestão, a idade inicial de entrada nesses planos era de 41 anos, e a idade média da base total de clientes era de 49 anos. Obviamente, os planos de previdência complementar abertos, como PGBL e VGBL, não são a única forma de as pessoas pouparem para a aposentadoria, mas, sendo produtos voltados para o longo prazo e para essa finalidade, a idade de entrada registrada pela Brasilprev mostra o quão tarde os brasileiros começam a se preocupar com a vida após deixarem o mercado de trabalho e dependerem de outras fontes de renda que não o salário. Com as discussões sobre a reforma da Previdência – e particularmente depois que o governo enviou ao Congresso esse projeto de mudanças –, o interesse das pessoas por planos de previdência complementar aumentou significativamente. Segundo dados da FenaPrevi, o volume de contribuições captadas pelos planos de previdência privada aberta atingiu R$11,3 bilhões apenas no mês de novembro de 2016 (às vésperas de o governo enviar a reforma da Previdência ao Congresso), um aumento de 26% em relação a novembro de 2015. No total, a previdência privada aberta contava com mais de 13 milhões de participantes no fim de 2016, sendo 10 milhões referentes a planos individuais e 3 milhões, a planos empresariais.

E quanto é preciso poupar para ter uma aposentadoria confortável?

O grande problema dessa pergunta é que não existe uma resposta exata, uma vez que a palavra "confortável" é uma noção completamente subjetiva. Assim como estabelecer o que é ser rico. Qual é o padrão de renda que garante uma vida confortável no Rio de Janeiro? É o mesmo de Recife? De São Paulo? De Nova York? De Paris? De Paraty? Ou seja, o lugar onde eu decidir me aposentar influenciará bastante o quanto de poupança precisarei acumular. Também será importante definir que tipo de padrão de consumo e de gastos vou querer manter na minha aposentadoria: apenas 50% do que eu precisava para me manter durante a minha vida economicamente ativa? Ou 80%? 90% do que eu gastava do salário que recebia no meu último emprego? Dependendo da expectativa sobre o padrão de vida e do nível de consumo e gastos em relação ao que se tinha durante a vida economicamente ativa, o esforço de poupança será diferente. Além disso, também entra nesse cálculo o número de anos que a pessoa imagina que viverá da aposentadoria, mesmo esta sendo uma variável muito difícil de se prever, uma vez que ninguém sabe quanto tempo viverá. Por outro lado, se a decisão é começar a viver de aposentadoria mais cedo, o volume de dinheiro a ser poupado ao longo dos anos aumenta. Quanto mais se adiar o início dessa aposentadoria, menor será o patrimônio necessário para financiar os anos que a pessoa passará a não mais depender da renda oriunda do trabalho. Dessa forma, se aposentar aos 65 anos exigirá um patrimônio maior do que se o início dessa aposentadoria acontecer aos 70 anos.

A Fidelity Investments, uma das maiores administradoras de fundos de investimentos e de planos de previdência complementar dos Estados Unidos, elaborou um guia de recomendações para seus clientes com metas de poupança para a aposentadoria. Nos cálculos da Fidelity, aos 30 anos de idade, a pessoa deveria já ter acumulado um patrimônio equivalente a um ano de salário. Assim, se o seu salário mensal for de R$5 mil, você deverá ter poupado R$60 mil. Aos 40 anos de idade, esse patrimônio deverá ser equivalente a três salários anuais, ou R$180 mil, segundo o exemplo acima. Aos 50 anos, sua poupança terá de corresponder a seis salários anuais. Aos 60, oito salários anuais. Aos 67 anos, idade mínima nos Estados Unidos para quem nasceu a partir de 1960 ter direito a receber o benefício pelo valor integral da Seguridade Social americana (uma vez que naquele país é possível antecipar o início da aposentadoria para os 62 anos de idade, porém recebendo o benefício com desconto), a quantia poupada deverá ser de 10 salários anuais, ou R$600 mil se você receber R$5 mil por mês.

Obviamente, essas recomendações foram feitas tendo em mente os clientes americanos da Fidelity, mas não ficam distantes do que os consultores de investimentos independentes e ligados a instituições financeiras no Brasil recomendam em termos de acumulação de patrimônio para a aposentadoria. É bom lembrar que, nos Estados Unidos, se a pessoa adiar o início do recebimento da aposentadoria pela Seguridade Social para os 70 anos, o valor do benefício terá um aumento de 32%. Assim, dependendo de quando o aposentado decidir começar a receber o seu benefício (antecipar, esperar a idade mínima para o valor integral ou ainda adiar a aposentadoria para conseguir o bônus adicional), a quantia necessária para financiar os anos de aposentadoria, sem depender da Previdência Social, muda. No caso dos Estados Unidos, os especialistas da Fidelity calculam que a pessoa precise economizar o equivalente a oito salários anuais se adiar o início da aposentadoria para 70 anos de idade e receber o adicional de um terço no valor do benefício pago pela Seguridade Social americana, em vez de 10 salários anuais, caso decidisse se aposentar aos 67 anos. Mas, se a pessoa antecipar em dois anos o início da aposentadoria, de 67 para 65 anos, o patrimônio exigido passa para o equivalente a 12 salários anuais.

E como chegar a esse patrimônio recomendado para financiar a aposentadoria? Os consultores da Fidelity repetem o que todos falam em relação ao investimento a longo prazo: quanto mais cedo, mais barato ficará investir para a aposentadoria. Segundo a Fidelity, se você começar essa empreitada por volta dos 25 anos de idade, o recomendado é poupar e investir cerca de 15% da sua renda bruta. Se o início desse esforço for aos 30 anos, a parcela da poupança terá de ser, ao menos, 18% do salário bruto. Aos 35 anos, em torno de 23% da renda bruta. Faz parte desse cálculo tudo o que você guardar e investir do seu salário, inclusive as contribuições automáticas para os planos de previdência complementar oferecidos pelo seu empregador, se esse for o caso.

Outra maneira que os americanos encontraram para calcular o quanto precisariam poupar para aposentadoria – a fim de obterem uma renda para financiar o período após deixarem o mercado de trabalho, independente de qualquer benefício pago pela Previdência Social americana – é a "regra dos 4%", criada pelo planejador financeiro americano William P. Bengen, que a explicou detalhadamente em um artigo publicado em 1994. Bengen procurou determinar uma taxa de resgate do patrimônio acumulado para a aposentadoria considerada segura ao longo desse período, utilizando o conceito de "longevidade da carteira de investimentos". Ou seja, quanto o aposentado poderia sacar ao ano de sua poupança – distribuída em diferentes aplicações, como ações, títulos do governo ou até planos de previdência privada – sem correr o risco de viver mais do que o dinheiro acumulado para a aposentadoria. Em outras palavras: que taxa de resgate anual seria segura a fim de que o patrimônio guardado para a aposentadoria não acabasse antes de a pessoa morrer. Pela premissa usada por Bengen, um americano que se aposentasse aos 65 anos de idade teria pela frente, ao menos, mais 30 anos para viver da renda acumulada durante sua vida economicamente ativa, isto é, com o dinheiro durando até os 95 anos de idade.

Para chegar a essa chamada "taxa segura de resgate", Bengen pesquisou o histórico da taxa de retorno móvel ao longo de 50 anos a partir de 1926 (ou seja, a rentabilidade do período entre 1926 a 1976, de 1927 a 1977, de 1928 a 1978, e assim por diante) de uma carteira de investimentos composta teoricamente por 50% em ações negociadas em bolsa – refletindo a variação do índice Standard & Poor's (S&P) 500 – e 50% em títulos do governo americano de médio prazo de vencimento. Ele concluiu que, para uma pessoa que estivesse se aposentando em 1926 ou em 1948 ou em qualquer outro ano do período pesquisado, a taxa de resgate mais elevada considerada segura, permitindo a preservação do patrimônio investido em um horizonte mínimo de 30 anos, seria de 4% (em termos reais), com base em uma carteira de investimentos composta por 50% de ações e 50% de títulos do governo. Ele fez simulações com diferentes taxas de resgates anuais (3%, 4%, 5%, 6%) e também com diferentes composições da carteira de investimentos, com parcelas maiores ou menores de ações. Assim, ele considerou que, para fazer uma poupança de aposentadoria durar por, no mínimo, 30 anos, uma pessoa teria de resgatar, no máximo, o equivalente a 4% ao ano do seu patrimônio, ajustando pela inflação o valor em dinheiro resgatado após o primeiro ano de aposentadoria. Para chegar a esse número, Bengen observou o impacto de crises no mercado acionário (como a quebra da bolsa de valores americana em 1929, que resultou na

Grande Depressão) ou choques econômicos (como a crise do petróleo em 1973 e 1974, que gerou uma disparada da inflação nos Estados Unidos). Essa seria uma taxa segura de resgate, que já embutiria os efeitos sobre o valor da carteira de investimentos e sobre o poder de compra dos saques desse patrimônio em casos de crises no mercado acionário, ou por choques econômicos que provocassem alta de inflação e perda de poder de compra do dólar. E assim surgiu a "regra dos 4%".

Desde então, os consultores financeiros nos Estados Unidos passaram a recomendar a "regra dos 4%" para determinar o patrimônio necessário para financiar o padrão de vida desejado após a aposentadoria. O primeiro passo era determinar qual o nível de gastos que a pessoa gostaria de ter durante os anos de aposentadoria. Essas despesas deveriam corresponder a uma quantia equivalente a saques de 4% ao ano de uma poupança acumulada para aposentadoria. Assim, as pessoas não deveriam se aposentar antes de juntar um patrimônio necessário para fazer frente a saques de 4% ano que pudessem cobrir os gastos planejados para manter determinado padrão de vida. Por exemplo, se eu determinasse que, para manter um padrão de vida almejado para a minha aposentadoria, eu teria gastos mensais de R$5 mil – sem contar, obviamente, com qualquer benefício pago pelo INSS –, o valor dos saques anuais para fazer frente a esse nível de despesas seria de R$60 mil, quantia que, após o primeiro ano de saque, teria de ser corrigida pela inflação do ano anterior. Para que esses R$60 mil correspondam a uma taxa de resgate anual equivalente a 4% do patrimônio, eu teria de acumular uma poupança de R$1,5 milhão. E se eu determinasse que, para viver bem depois de deixar de trabalhar, necessitaria de uma renda mensal de R$10 mil, eu obviamente teria de acumular o dobro do patrimônio, ou seja, R$3 milhões, supondo que essa taxa de resgate de 4% ao ano permitiria a preservação do valor principal dessa poupança ao longo de uma aposentadoria que duraria 30 anos.

A fórmula para calcular o valor do patrimônio necessário para fazer frente à "regra dos 4%" é simples: basta dividir a quantia de gastos projetados para a aposentadoria (R$5 mil, no exemplo inicial) pela taxa segura de resgate (4%, ou 0,04). Obviamente, é preciso ressaltar que a taxa segura de retorno de 4% encontrada por Bengen tem como parâmetro a rentabilidade do mercado de ações e de títulos do Tesouro dos Estados Unidos. O retorno composto das ações americanas tem um histórico mais longo de melhor rentabilidade e de menor volatilidade do que o do mercado acionário brasileiro, assim como os juros pagos pelos títulos públicos brasileiros sempre foram bem mais elevados do que o dos Estados Unidos por uma diferença estrutural das economias dos dois países, em particular pelo histórico de deficit público crônico e de gastos elevados do governo brasileiro, exigindo juros cada vez mais elevados para convencer os investidores a comprarem e manterem em carteira os papéis do Tesouro Nacional. Portanto, comparar a taxa segura de retorno de 4%, ajustada à inflação, utilizada por Bengen para aconselhar seus clientes que estão em vias ou no meio da aposentadoria serve apenas como um exercício de argumentação, ainda que, na minha opinião, bastante válido para traçar uma estratégia de acumulação de patrimônio para a aposentadoria.

Mas, ao escolher a "regra dos 4%" como um modelo a ser seguido, e se, por acaso, você não conseguir juntar o patrimônio necessário para fazer frente a uma quantia suficiente de saques para financiar o padrão de vida desejado para a aposentadoria, afinal, poupar R$3 milhões – ou mesmo R$1,5 milhão – não é uma empreitada ao alcance de todos, uma solução é rever a meta de padrão de vida para quando se deixar de trabalhar. Talvez, considerando a mudança para uma cidade com custo de vida mais baixo. Ou, simplesmente, adequando o consumo durante a aposentadoria, planejando um corte no nível de gastos – de 20%, 30% ou 50% – que seja condizente com uma renda que pudesse resultar de uma taxa de resgate de 4% do patrimônio acumulado para a aposentadoria. É importante ressaltar que todos esses números acima foram projetados para uma situação em que a pessoa não recebesse nenhum valor da Previdência Social. Mas a realidade é que é muito provável que a pessoa venha a receber, ao menos, uma aposentadoria equivalente a um salário mínimo. O difícil é prever se o benefício que a pessoa receberá do INSS cobrirá 5%, 10%, 15%, 20% ou mais das despesas durante o período de aposentadoria. Assim, o melhor é traçar uma estratégia de acumulação de patrimônio para o futuro sem que se dependa de benefícios pagos pela Previdência Social.

No meu caso específico, a estratégia de acumulação de recursos para financiar os meus anos de aposentadoria sofre a influência em particular de um fator: o quão tardiamente comecei a formar essa poupança para a aposentadoria – depois dos 40 anos de idade. Ao começar do zero tão tarde na vida, as minhas escolhas em relação às alternativas de aplicações financeiras, aos prazos de investimento e ao grau de risco que estaria disposto a assumir teriam de ser radicalmente diferentes das que eu faria se tivesse começado a acumular o patrimônio para a aposentadoria a partir de algum momento durante os meus 20 ou 30 anos.

Ao longo da minha vida, sempre tive um perfil muito conservador como investidor, a exemplo da maioria dos brasileiros. Poucas vezes investi em ações de empresas negociadas em bolsas de valores. Sempre concentrei meu dinheiro em aplicações de curtíssimo prazo ou que proporcionassem elevada liquidez, como os fundos DI, abrindo mão de uma rentabilidade maior para ter o conforto de poder resgatar os recursos a qualquer hora. Ao não querer arriscar, eu geralmente acabava me acomodando e investindo em fundos de renda fixa com elevada liquidez disponíveis no meu banco, mesmo que cobrassem elevadas taxas de administração, o que, no fim das contas, erodia a rentabilidade dos meus investimentos. Em razão disso, assim como milhões de brasileiros de classe média, eu perdi o trem dos juros estratosféricos, pagos por décadas no Brasil pelo governo federal, e não me beneficiei da força dos retornos compostos dos títulos de renda fixa, escolhendo, em vez disso, fundos de investimentos com elevadas taxas de administração ou, como muitas pessoas, a simplicidade das cadernetas de poupança.

Todavia, ao começar o projeto "Ficar Rico" e rever os meus hábitos de consumo, além dos meus conceitos de risco e de aplicações financeiras, decidi que todas as minhas escolhas para o futuro convergiriam para um único objetivo: acumular patrimônio para a aposentadoria. Por essa lógica, quando a compra do meu apartamento deu errado em cima da hora de assinar o financiamento imobiliário com o banco (leia toda a história no capítulo "Por que comprar se eu posso alugar?"), resolvi desistir de uma vez por todas de comprar a casa própria e passei a alugar. Isso porque cheguei à conclusão de que essa seria a melhor escolha do ponto de vista financeiro e estratégico, visando a otimização da acumulação do patrimônio para a aposentadoria.

O passo seguinte foi elevar a meta da minha taxa de poupança para, no mínimo, 20% do meu salário líquido anual. Durante os anos de 2014, 2015 e 2016, eu redobrei meu esforço e a taxa média de poupança chegou perto de 25% da minha renda anual líquida. Para tanto, fui aumentando gradualmente a contenção de gastos, chegando a abrir mão, em 2016, das sessões de terapia com minha psicóloga americana, com quem já me tratava há oito anos, os últimos cinco via Skype, pagando em dólares. Com a disparada do dólar, essa despesa começou a pesar demasiadamente no bolso. Em 2014, 2015 e 2016, deixei de viajar para o exterior, limitando as minhas férias a viagens rápidas para cidades próximas ou para lugares onde eu pudesse me hospedar na casa de parentes ou de amigos muito próximos.

Ao analisar as opções de investimento para a minha aposentadoria, ou seja, aplicações de longo prazo, o primeiro dilema a resolver foi: alocar parte do dinheiro em produtos de renda variável, como ações negociadas em bolsa, ou em renda fixa, como títulos públicos ou privados. Decidi concentrar meus recursos apenas em renda fixa, pois, dado o histórico de maior volatilidade do mercado acionário brasileiro, e também de operações que resultaram em diluição de valor para acionistas minoritários, além dos vários episódios de intervenção do governo federal em setores da economia com grande peso na bolsa, concluí que eu não teria um horizonte de investimento longo o suficiente para me recuperar de eventuais quedas fortes nos preços das ações causadas por choques no mercado ou intervenções governamentais. O tempo trabalha a favor dos investimentos em bolsas de valores, e isso era um privilégio de quem começou a aplicar nesse mercado muito cedo, podendo navegar pelos tempos bons e pelas crises com mais tranquilidade. Assim, entre as outras opções de investimentos de longo prazo mais alardeadas na imprensa ou vendidas agressivamente pelos gerentes de bancos, restava decidir se eu aplicaria nos planos de previdência privada aberta, como os PGBL e os VGBL. Eu já contribuía para o plano de previdência complementar oferecido pela minha empresa. Mas, como queria aumentar a minha taxa de poupança para a aposentadoria, pesquisei se valia a pena aplicar em um PGBL ou VGBL. E a resposta foi um sonoro "não". Ao menos, no meu caso específico.

Uma das razões pelas quais os planos privados de previdência complementar, vendidos por bancos e seguradoras, ganharam popularidade, foi devido ao incentivo fiscal, além do apelo de que esses produtos são voltados para o longo prazo e, portanto, um instrumento essencial para quem não tem a disciplina de poupar consistentemente ao longo dos anos. O incentivo fiscal serviu, durante muito tempo, como principal chamariz. Se uma pessoa contrata um PGBL, por exemplo, e faz sua declaração de Imposto de Renda (IR) pelo modelo completo, ela pode deduzir anualmente da base de cálculo do IR o valor das suas contribuições, limitado a 12% de sua renda anual bruta. Isso, porém, não significa uma isenção fiscal, pois a pessoa terá de pagar o imposto sobre o montante resgatado, ou na hora de receber o benefício, incluindo o rendimento registrado pela carteira. Mas esse deferimento no recolhimento do imposto – reduzindo o valor do IR pago anualmente – pode servir de poderoso instrumento para aumentar o patrimônio de quem contribui para um plano de previdência privada ao longo dos anos. Quem contrata um VGBL não tem direito a fazer deduções do valor da contribuição na declaração anual do IR, mas pagará o imposto apenas sobre os rendimentos da carteira na hora do resgate, e não sobre a quantia total acumulada da poupança, incluindo os rendimentos, como acontece com o PGBL.

Se, por um lado, o PGBL tem a vantagem desse incentivo fiscal, algo que os fundos de investimentos tradicionais ou outras aplicações financeiras não têm, por outro, as taxas cobradas pelos dois tipos de planos de previdência privada podem acabar abocanhando boa parte ou quase toda a vantagem proporcionada pelo incentivo fiscal. É preciso, portanto, pesquisar e avaliar os custos envolvidos no plano que se quer contratar. Tanto o PGBL quanto o VGBL podem cobrar dois tipos de taxas. Uma delas é a taxa de administração, que é um valor anual cobrado para cobrir a gestão financeira da carteira, e incide sobre todo o patrimônio acumulado. E aí reside um problema: se, por um acaso, a carteira tiver uma variação negativa registrada por conta de fatores de mercado (queda brusca nos preços das ações ou dos títulos de renda fixa, por exemplo), essa taxa de administração ainda é cobrada, o que apenas intensifica as perdas do participante do plano. É importante ressaltar que a taxa de administração dos PGBL e VGBL também é cobrada por todos os fundos de investimentos existentes no mercado, porém, não raro, é bem mais elevada do que os percentuais cobrados pelos fundos tradicionais de renda fixa. A outra taxa dos planos privados de previdência é a de carregamento, que incide apenas sobre os valores depositados, ou seja, as contribuições mensais ou de aporte único. Nem todas as instituições financeiras que oferecem PGBL e VGBL cobram essa taxa de carregamento, que serve para cobrir os custos administrativos e operacionais do plano. Sendo assim, pesquisar os custos desses produtos é fundamental antes de aderir a um deles. E também ter em mente que esses planos são para investimento de longo prazo, e não são indicados se você precisar do dinheiro em pouco tempo.

Infelizmente, são inúmeros os casos de gerentes de bancos que empurram esse produto para clientes que não têm esse perfil. O zelador do meu prédio, que paralelamente trabalha como corretor imobiliário autônomo, é um exemplo infeliz. Ele ganhou uma determinada quantia ao vender um apartamento e perguntou ao seu gerente do banco qual seria a melhor aplicação para investir esse dinheiro por seis meses. O gerente lhe vendeu um VGBL. Como o zelador do meu prédio fez um aporte único, esse plano cobra uma taxa de carregamento de 4% para resgates em até 24 meses e de 2,5% para resgates após 24 meses. Além disso, esse plano tem uma taxa de administração de 2,4% ao ano para o valor do depósito feito pelo zelador do meu prédio, enquanto o mesmo banco tem um fundo de renda fixa que cobra uma taxa de administração de 1,5% ao ano para carteiras de igual valor. Ou seja, os recursos depositados sofreram uma mordida grande das taxas cobradas por esse VGBL.

Para quem está começando a poupar cedo o suficiente para aproveitar o incentivo fiscal de um PGBL ao longo de muitos anos, uma vez que pouquíssimas pessoas no mundo têm disciplina financeira para perseverar e reservar uma parte da renda consistentemente para essa aplicação durante décadas, pesquisar as taxas cobradas pode fazer uma diferença substancial em termos de patrimônio. Um especialista de uma seguradora me fez a seguinte simulação entre dois planos de previdência complementar aberta: um fundo A cobra 2% ao ano de taxa de administração e 10% de taxa de carregamento, enquanto um fundo B cobra 5% ao ano de taxa de administração e zero de taxa de carregamento. "Supondo juros líquidos de impostos de 5% ao ano, ao final de 35 anos de contribuição, o fundo A teria um saldo 34% maior do que o fundo B em razão da diferença das taxas cobradas. É muita coisa", disse-me esse especialista no setor. Além dos custos envolvidos em cada plano de previdência, esse especialista faz outro alerta: é preciso atentar também para os ganhos após a fase de acumulação, ou seja, o quanto as instituições que administram os planos de previdência se propõem a pagar mensalmente após o início da aposentadoria. Segundo esse especialista, é preciso comparar muito cuidadosamente os benefícios oferecidos pelos planos após a aposentadoria. Isso porque, segundo ele, esse mercado tem pouca transparência e a maioria dos participantes ainda está na fase de acumulação do patrimônio.

Todavia, para alguém como eu, que começou a formar por conta própria a poupança de aposentadoria depois dos 40 anos, contratar individualmente um PGBL pode não ser a opção mais vantajosa, apesar do incentivo fiscal, uma vez que o tempo de acumulação seria bem menor para aproveitar ao máximo esse benefício. Afortunadamente, no meu caso, a tarefa de conseguir a disciplina para poupar – algo que só se tornou automático em mim como hábito hoje em dia – foi facilitada pelo fato de a empresa onde eu trabalho oferecer aos funcionários um plano de previdência complementar, ou um fundo de pensão fechado, como são conhecidos os planos patrocinados pelos empregadores públicos e privados, assim como por sindicatos, entidades de classe e associações profissionais. Por incrível que pareça, muitos funcionários não aproveitam esse benefício, e deixam de aderir a esse plano oferecido pelos empregados. É um benefício significativamente vantajoso para conseguir maximizar a acumulação do patrimônio necessário para garantir uma renda complementar para a aposentadoria.

Assim como o PGBL, os planos fechados também permitem a dedução dos valores das contribuições na declaração do Imposto de Renda para quem escolhe o modelo completo. Mas existem várias outras vantagens financeiras nos planos fechados em relação aos planos abertos individuais (PGBL e VGBL) vendidos pelas instituições financeiras. Uma delas é a contribuição patronal à conta individual do funcionário no plano de previdência, isto é, o empregador contribui com um valor proporcional aos depósitos feitos pelo participante, o que, em muitos casos, é paritário: a cada R$1 contribuído pelo funcionário, o empregador também contribui com R$1. Mas esse aporte da empresa pode chegar a mais de 100% da contribuição do funcionário. Todavia, o valor da contrapartida patronal é voluntário, e depende das regras de cada fundo fechado de pensão, como também depende dessas regras o tempo exigido para que o funcionário possa ter direito ao dinheiro depositado pela empresa no plano. Quanto mais tempo o funcionário trabalhar na empresa, maior será o percentual da contribuição patronal da qual ele poderá se apropriar. Esse benefício é um poderoso instrumento para alavancar o patrimônio acumulado para a aposentadoria. Para concedê-lo, as empresas recebem um incentivo fiscal do governo.

Para um profissional liberal que trabalhe por conta própria, aderir a um plano fechado de um sindicato ou entidade de classe ainda vale a pena, mesmo sem a contribuição patronal para turbinar o patrimônio do fundo. Isso porque os custos dos planos de previdência complementar fechados são geralmente bem menores do que os cobrados por PGBL e VGBL individuais vendidos pelas instituições financeiras. No caso da taxa de carregamento, por exemplo, a média dos planos fechados patrocinados por entidades fechadas fica entre 0,5% e 0,7%, enquanto que nos planos abertos essa taxa pode chegar até a 5% do valor dos aportes. Muitas empresas que patrocinam fundos fechados aos seus funcionários chegam a custear quase todas as taxas, ou seja, os participantes não pagam a taxa de carregamento e, em muitos casos, a taxa de administração é um valor quase simbólico, o que, por si só, representa uma grande vantagem financeira, além da contrapartida patronal nos aportes ao fundo. Entretanto, custear as taxas é uma prerrogativa da empresa patrocinadora e depende do regulamento de cada fundo. No caso do fundo do qual participo, até fevereiro de 2017, a taxa de administração era de 0,18% ao ano.

O que muitos especialistas do setor dizem é que, enquanto os fundos fechados de previdência complementar, patrocinados por entidades públicas ou privadas, têm um olhar previdenciário, mirando os benefícios a serem pagos em 20 ou 30 anos, os planos abertos são produtos financeiros, e administrados como tal. Essa diferença conceitual é importante. Por exemplo, como não visam fins lucrativos, os fundos fechados revertem para a carteira — beneficiando, portanto, os participantes — eventuais excedentes financeiros e técnicos, ao contrário do que acontece com os planos abertos individuais, cujos excedentes são revertidos para a instituição financeira que administra essas carteiras. Nas entidades fechadas, o "duration" (ou a idade que se mede o passivo atuarial da carteira) médio é de 12 anos, ou seja, a estratégia de investimentos é focada nesse prazo mais longo, o que permite ao gestor desse fundo correr menos riscos e absorver eventuais flutuações temporárias mais bruscas do mercado. Já nos planos abertos, devido à maior rotatividade dos participantes, o "duration" médio é de meses. Se esses planos forem passíveis de resgates em seis meses, por exemplo, o espaço de manobra para a gestão dos ativos na carteira é bem menor.

A minha estratégia de acumulação de patrimônio para aposentadoria foi, portanto, substancialmente moldada pela idade avançada em que eu comecei a poupar e a investir. Assim, descartei aplicar em ações ou, por via indireta, em outros produtos de renda variável, assim como em planos abertos de previdência complementar. De um lado, o horizonte muito mais curto de acumulação desse patrimônio permite menos espaço de manobra para tolerar a maior volatilidade dos ativos (como as ações de empresas) ou para compensar – por meio do retorno ao longo dos anos do incentivo fiscal – os custos mais elevados envolvidos no PGBL e VGBL. De outro, como os objetivos de longo prazo nesta etapa da minha vida resumem-se apenas à acumulação de patrimônio para aposentadoria – e não mais a comprar um imóvel ou financiar um período sabático para fazer pós-graduação –, as alternativas de investimento tinham de envolver a maximização de retornos compostos pagos pelas aplicações de renda fixa no Brasil, tendo em mente uma preocupação com uma taxa real, isto é, já descontada da inflação, uma vez que, ao me aposentar, quero garantir o poder de compra dessa poupança acumulada ao longo dos próximos anos. Também como parte dessa estratégia, eu teria de abrir mão da liquidez de curtíssimo prazo das aplicações, como aconteceu ao longo da minha vida ao investir em fundos DI e de renda fixa com possibilidade de resgate em um ou dois dias úteis. Para aproveitar a força dos juros compostos, eu teria de apostar em vencimentos mais longos que me proporcionassem um nível elevado de juros reais, ou seja, que me pagassem uma taxa elevada preservando o capital da variação da inflação.

Por esses parâmetros, minha estratégia de acumulação de patrimônio para o futuro envolve três pilares. O primeiro consiste na contribuição obrigatória para a Previdência Social, uma vez que, ao estar empregado com carteira assinada, garanto os aportes ao INSS. Mesmo que em uma eventualidade do destino eu perdesse o emprego, passaria a trabalhar por conta própria e contribuiria individualmente ao INSS, uma vez que, dado o volume de contribuição ao longo do tempo, o recebimento de um benefício vitalício ainda compensaria esse esforço. Além disso, seria saudável, em termos de equilíbrio de receitas no futuro, ter uma parcela da renda, ainda que pequena, oriunda da Previdência Social. O segundo pilar envolve terceirizar a administração de uma parcela dessa poupança que comecei a formar, contribuindo para o fundo fechado de previdência complementar oferecido pela minha empresa. O dinheiro já é descontado automaticamente do meu salário. O objetivo é aproveitar os aportes patronais em contrapartida à minha contribuição, o que alavanca o patrimônio do fundo, e também o benefício dado pela empresa ao custear as taxas cobradas, a de administração e a de carregamento. Além, obviamente, de aproveitar o incentivo fiscal com a dedução dessas contribuições do Imposto de Renda devido, uma vez que faço a declaração pelo modelo completo. O terceiro pilar é o dinheiro que passei a guardar e investir diretamente no mercado financeiro. É a maior parcela da poupança que consigo reservar da minha renda líquida. Juntamente com a contribuição automática ao fundo fechado de previdência patrocinado pela minha empresa, esse dinheiro aplicado no mercado financeiro faz parte da meta que tracei, de chegar a uma taxa de poupança de, no mínimo, 20% do meu salário líquido anual.

Em relação a esse último pilar, ao contrário de terceirizar a gestão desses recursos a uma instituição, como acontece com as contribuições para o plano de previdência complementar, decidi aplicar diretamente em títulos do Tesouro Nacional, em vez de alocar o dinheiro em fundos de investimentos, o que fiz a vida inteira. Um dos motivos para isso é o custo envolvido. Os fundos de investimentos, em particular os de renda fixa, costumam cobrar taxas de administração mais elevadas. Ao comprar títulos públicos pelo sistema do Tesouro Direto, há dois tipos de taxas: a de custódia, cobrada pela BM&FBovespa, de 0,3% ao ano sobre o valor dos títulos, e uma taxa cobrada pelas corretoras ou pelos bancos (ambos como agentes de custódia), por meio dos quais é feita a compra desses papéis. Essa última taxa não é obrigatória. Há corretoras que isentam o cliente dessa taxa, visando atraí-los para outros produtos, mas há outras que podem cobrar até 0,5% ao ano. É, portanto, uma questão de se pesquisar (via site na internet do Tesouro Nacional) qual corretora oferece a melhor vantagem. Eu, por exemplo, preferi a comodidade do meu banco e decidi pagar a taxa cobrada pela corretora do banco, de 0,5%. Nesse caso, escolhi a tranquilidade de me sentir seguro ao negociar os títulos com a corretora do meu banco, embora essa não seja a melhor decisão do ponto de vista de rentabilidade da aplicação.

Mas a taxa mais baixa em relação aos fundos tradicionais de investimento não foi, contudo, o principal motivo para eu ter escolhido investir em títulos públicos no Tesouro Direto. A maior motivação foi ampliar o horizonte das minhas aplicações financeiras para o prazo mais longo possível, aproveitando a força dos retornos compostos pagos pela renda fixa no Brasil (leia mais no capítulo "No Brasil, o tsunami dos juros"). Mais do que garantir uma taxa prefixada de juros, antecipando de antemão o quanto eu resgataria no vencimento do papel, busquei os títulos públicos indexados à variação da inflação, pois meu objetivo é manter o poder de compra do meu patrimônio quando eu estiver na idade de aposentadoria, acrescido, obviamente, de um rendimento de juros. Além disso, entre as opções de títulos disponíveis no Tesouro Direto, optei pelos que mantêm os recursos investidos até o vencimento, garantindo um maior retorno composto da aplicação, em vez de receber os rendimentos dos juros a cada seis meses. Isso em razão do fato de eu ainda estar na fase de acumulação de patrimônio. Se estivesse, talvez, na idade de me aposentar, passando a sacar do patrimônio acumulado, eu trocaria a aplicação para títulos que pagassem os juros a cada seis meses, proporcionando um fluxo constante de renda.

Por essas características, os títulos mais adequados para a minha estratégia de acumulação de patrimônio de longo prazo, visando a aposentadoria, são os papéis indexados ao Índice Nacional de Preços ao Consumidor Amplo (IPCA), que é o índice oficial de inflação adotado pelo Banco Central e calculado pelo IBGE. E, conforme meus objetivos de mais longo prazo, dividi ao longo de 2015 e 2016 os recursos que eu tinha disponíveis para investir em três títulos do Tesouro Direto: a menor parte no papel atrelado à variação do IPCA com vencimento em 2019, outra parte no título IPCA 2024 e a maior parcela, no papel IPCA com vencimento em 2035. Investi em todos esses títulos prevendo o recebimento do principal (valor inicial investido) mais os rendimentos dos juros apenas na data de vencimento.

Como são títulos pós-fixados e não se pode prever com exatidão a variação da inflação no futuro, não é possível desde já calcular com precisão milimétrica o quanto resgatarei dessas aplicações na data de vencimento. Mas é possível ter uma boa noção de quanto o dinheiro renderá neste período. Na hora da compra do papel, sabe-se a taxa de juros que está sendo paga naquele dia, em negociação no mercado secundário, acima da variação da inflação. No auge do estresse com as condições macroeconômicas, em particular, a deterioração nos gastos públicos e no deficit fiscal, e com a crise política no Brasil em 2015 e no início de 2016, ao longo do processo de impeachment da ex-presidente Dilma Rousseff, esses títulos chegaram a pagar juros reais bem acima de 6%, ou seja, acima da variação do índice de inflação que indexava essa aplicação. No fim de fevereiro de 2017, quando o Banco Central já havia começado a reduzir os juros básicos da economia (a taxa Selic) e os investidores estavam otimistas quanto à aprovação da reforma da Previdência, o que ajudou a diminuir os temores em relação à trajetória do deficit público brasileiro, a taxa paga pelos títulos do Tesouro Direto indexados ao IPCA caiu bastante, para um pouco acima de 5%.

Com base em premissas bastante conservadoras, de juros em torno de 5% e de um IPCA médio anual próximo do centro da meta de inflação fixado pelo Banco Central (de 4,5%, ainda em vigor em fevereiro de 2017), o *site* do Tesouro Direto permite fazer uma simulação de quanto seria o valor final resgatado na data de vencimento. É bom ressaltar que o desempenho do Banco Central em atingir o centro da meta de inflação foi bastante insatisfatório nos últimos anos, mas, supondo que o Brasil entre em um novo regime fiscal com a aprovação de reformas estruturais importantes, entre elas a da Previdência, é razoável adotar como premissa conservadora uma inflação de 4,5% ao ano em uma simulação de retorno dos títulos de mais longo prazo. Assim, mesmo adotando hipóteses conservadoras, é possível simular o quanto um investidor que tivesse aplicado R$100.000, comprando em 15 de maio de 2016 o título do Tesouro Direto indexado ao IPCA com vencimento em 15 de maio de 2035 (NTN-B Principal), receberia ao fim do prazo. Supondo ainda que, na data de compra, esse título pagasse uma taxa de juros de 5,5% ao ano, e que o investidor aceitou pagar uma taxa de 0,5% para a corretora por meio da qual fez a operação (mais a taxa de custódia de 0,3% ao ano cobrada pela BM&FBovespa), além de uma projeção de inflação ao longo de todo período de 4,5% ao ano. Ao incluir todas essas premissas na simulação, o investidor receberia, na data de vencimento do título, já descontada alíquota de 15% do Imposto de Renda, o equivalente a R$554.636,72. Esse valor corresponde a uma rentabilidade bruta de 10,74%

ao ano e a uma rentabilidade líquida (descontados o imposto e todas as taxas) de 9,44% ao ano.

É, de fato, um retorno difícil de se conseguir em outras aplicações. Obviamente, aplicar uma quantia e esperar quase 20 anos para recebê-la de volta exige sangue frio e uma paciência que a maioria dos brasileiros não está acostumada a ter, inclusive eu. Contudo, a urgência de ter de poupar para aposentadoria, por ter desperdiçado tantos anos de vida economicamente ativa sem guardar dinheiro, obrigou-me a mudar o meu perfil como investidor, uma vez que deixar o dinheiro estacionado por 20 anos não é para conservadores, exigindo um perfil mais ousado e arrojado de investimento. Requer, por exemplo, mudar toda uma atitude em relação ao que se espera das aplicações financeiras: abrindo-se mão do imediatismo e da liquidez para se adotar uma postura paciente e perseverante. Se você preencher um daqueles formulários dados pelo gerente de banco para identificar o seu perfil como investidor, e, se o resultado for "conservador", provavelmente a concentração das aplicações em um único tipo de ativo (no caso, títulos do Tesouro Direto) em prazos muito longos, atípicos para o Brasil, será desaconselhada.

De fato, na hora de comprar o título do Tesouro Direto com vencimentos em 2019 e 2035, uma dúvida me assaltou: e se eu precisar do dinheiro caso ocorra alguma emergência? No Tesouro Direto, é possível resgatar a aplicação a qualquer momento. Não há obrigação de se esperar o vencimento do título. Porém, o investidor terá de vender o papel a preços praticados no mercado secundário no momento da venda, e isso pode resultar em perdas se o preço do papel estiver abaixo do nível em que foi realizada a sua compra. Ou seja, em caso de emergência financeira, o investidor pode resgatar os títulos do Tesouro Direto que comprou, mas dependendo do preço praticado no mercado secundário, ele poderá auferir lucro ou prejuízo.

Para conseguir aproveitar a força do retorno composto pago pelos juros dos títulos do Tesouro até o vencimento, evitando o risco de sacar os recursos antes da hora em caso de emergência, resolvi guardar dinheiro extra para manter uma reserva financeira equivalente a três meses do meu salário bruto. Apliquei essa quantia em um fundo de renda fixa DI. Esse esforço adicional, contudo, exigiu novos cortes no meu orçamento. Uma viagem à Europa que eu estava planejando em 2017 foi descartada, a fim de conseguir poupar o suficiente para constituir a reserva financeira de emergência. Aliás, eliminei viagens internacionais de férias em 2014, 2015, 2016 e 2017. Apesar do prazer de viajar e do verniz cultural proporcionado, na atual fase da minha vida, esse era um custo que eu precisava cortar para acumular um colchão de liquidez para fazer frente a quaisquer emergências.

Essa estratégia de criar um colchão de liquidez para aproveitar, no longo prazo, a força dos retornos compostos seria interessante também para quem quer investir no mercado acionário – quer seja diretamente em ações, quer seja via fundos de investimentos – e não tem ainda estômago suficiente para esperar 5 anos ou 10 anos antes de vender os papéis ou resgatar as cotas do fundo. Isso porque, ao saber que se tem à disposição uma reserva financeira para emergências, o investidor menos acostumado aos altos e baixos da bolsa de valores pode ter mais incentivo para esperar passar a volatilidade e deixar essa aplicação como uma opção, de fato, de longo prazo.

A visão mais comum – e talvez a mais disseminada pelas instituições financeiras quando tentam vender a clientes produtos previdenciários – é de que a formação de uma poupança para complementar a renda da aposentadoria significará um paraíso à espera do sujeito quando ele deixar definitivamente o mercado de trabalho. A imagem da pessoa tomando sol na praia ou viajando pelo mundo é o apelo que se vende para atrair os poupadores do futuro. Todavia, uma necessidade mais premente e que é frequentemente relegada pelas pessoas é a de formar uma poupança para financiar as despesas com planos de saúde, remédios e eventuais procedimentos cirúrgicos e internações hospitalares, que tendem a crescer à medida que a pessoa envelhece. Certa vez, uma grande amiga minha me disse que a única razão pela qual não largava o seu emprego, em que já estava havia 20 anos, era o plano de saúde, dado que ela já tinha mais de 50 anos. De fato, ao se aposentarem, as pessoas deixarão de ter uma parcela do custo com plano de saúde financiada pelas empresas onde trabalhavam. E são raros os brasileiros que querem depender unicamente do Sistema Único de Saúde (SUS). É fácil não se preocupar com a saúde quando se é jovem, mas ao se deparar com enfermidades e necessidades médicas após a aposentadoria, o arrependimento de não ter se preparado para os anos de idade avançada pouco adiantará.

No entanto, quantas pessoas fazem uma poupança para custear os gastos com saúde na aposentadoria, sem depender do SUS ou qualquer outro auxílio do governo? Nos Estados Unidos, onde não há um sistema universal de saúde, ou seja, o sistema público não cobre gratuitamente todos os cidadãos, os americanos, em média, não se preparam para cobrir do próprio bolso esses gastos no futuro. Foi o que mostrou uma pesquisa feita em junho de 2014 pela AARP, uma entidade sem fins lucrativos que era antes chamada de *American Association of Retired Persons* (ou Associação Americana de Pessoas Aposentadas), mostrou que quatro em cada dez trabalhadores americanos com mais de 50 anos de idade não estão poupando para arcar com gastos com a saúde na aposentadoria, e que 44% não têm planos para começar a formar uma poupança para essa finalidade. Outro dado alarmante nessa pesquisa é o de que 55% dos entrevistados dizem temer não ter dinheiro suficiente para custear planos de saúde, despesas médicas e remédios após deixarem de vez o mercado de trabalho.

No Brasil, as despesas com saúde certamente são o principal item de gasto do aposentado, juntamente com moradia e alimentação. Diante da tendência ao aumento nos custos da área de cobertura da saúde, dificilmente as pessoas que se aposentarem nas próximas décadas conseguirão depender apenas da assistência privada. Ou seja, elas provavelmente terão de combinar a cobertura dada pelo SUS com os planos privados, da mesma forma que a renda da aposentadoria virá de uma combinação do benefício pago pelo INSS e pelos planos de previdência complementar ou, dependendo do caso, da renda obtida de um patrimônio acumulado para essa finalidade.

Para exemplificar essa tendência, basta ver os dados que a Agência Nacional de Saúde (ANS) publica anualmente no relatório "Painel de Precificação", que traz informações sobre valores médios praticados no mercado de planos de saúde (como reajustes nos planos de cobertura ambulatorial e hospitalar, tanto individuais quanto coletivos, além de custos com consultas médicas, exames e internações hospitalares) em todas as regiões do país. Em junho de 2016, a ANS publicou a quarta edição desse relatório, que trouxe dados referentes a 2015. Segundo o relatório, em dezembro de 2015, o valor médio cobrado no Brasil pelas operadoras de pessoas com 59 anos de idade ou mais para planos de saúde com contratos individual ou familiar e cobertura ambulatorial e hospitalar foi de R$1.035,27. Obviamente, essa média apresentou grandes variações dependendo do estado. Em São Paulo, por exemplo, esse preço médio era de R$940,57, mas no Amazonas, esse valor era de R$1.542,57.

Para ilustrar a evolução dos custos com os planos, o relatório da ANS escolheu a faixa de 44 a 48 anos, que demonstrou ter menor flutuação estatística de valores e apresentou melhor equivalência estatística entre os planos. De acordo com o relatório, para aquela faixa etária, de janeiro de 2011 a dezembro de 2015, os planos com internação e parto de contratação familiar ou individual com fator moderador acumularam um reajuste de valor médio de 69,12%. O fator moderador pode consistir em duas modalidades: na coparticipação do consumidor (no pagamento de um percentual das despesas com assistência médica, hospitalar e odontológica abrangida pelo plano) ou na franquia (valor limite preestabelecido no contrato até o qual a operadora não tem responsabilidade de cobertura, tanto para reembolso quanto para o pagamento direto à rede credenciada). Já os mesmos planos, para a faixa etária de 44 a 48 anos, sem o fator moderador, acumularam reajustes no valor médio de 81,65% entre janeiro de 2011 e dezembro de 2015. Esses dados servem para mostrar o quanto os gastos com assistência médica e hospitalar, e também com remédios e outros cuidados com a saúde, pesarão bastante no bolso do aposentado. E tudo isso requer um planejamento e uma estratégia financeira para se formar uma reserva visando a custear as despesas com saúde ao longo dos anos de aposentadoria.

É preciso dizer que minha estratégia de acumulação de patrimônio para a aposentadoria nem de longe é cientificamente testada, tampouco resulta de aconselhamento de um planejador financeiro profissional. Quando escolhi tomar as rédeas das minhas aplicações, ignorando os tradicionais fundos de investimentos, tive como motivação o fato de ter começado a poupar tardiamente para o futuro, o que restringiu as alternativas de aplicações e prazos. Meu objetivo foi aproveitar a força dos juros compostos, na crença de que dificilmente o Brasil entraria em um novo regime fiscal, uma vez que a sociedade brasileira ainda não me parece pronta para diminuir os privilégios de grupos específicos, como servidores públicos e políticos, e aprovar reformas estruturais necessárias para reduzir de forma consistente os gastos do governo. Em outras palavras, na minha visão, no retrato que tenho hoje do Congresso e do Executivo, a estrutura fiscal no Brasil dificilmente permitirá a queda duradoura da inflação e, por tabela, dos juros reais. Esses juros devem, provavelmente, cair do patamar excessivo dos 8%, observados nos períodos de maior estresse econômico e político. Mas, do meu ponto de vista, uma queda pela metade desses juros reais dificilmente será duradoura, a não ser que se discuta mexer de uma vez por todas nesses privilégios. Sem uma reforma estrutural dos gastos públicos, a inflação pode ceder por alguns períodos, mas sempre haverá a ameaça de um repique à espreita, com algum choque na economia ou na política brasileira, o que, convenhamos, não é nada surpreendente.

De qualquer forma, tomar as rédeas da sua poupança para a aposentadoria – uma empreitada que pode durar décadas – exige uma disciplina rara, especialmente para quem começa cedo. As tentações e as reviravoltas da vida – casamento, filhos, viagens, cursos, etc. – podem tirar a pessoa dos trilhos, levando-a a parar de poupar e investir ou a sacar o dinheiro já aplicado no longo prazo.

Assim, apesar das taxas envolvidas, aplicar em planos de previdência complementar aberta (PGBL e VGBL) não é má ideia se há falta de disciplina para perseverar em uma poupança de longo prazo. Devido às minhas circunstâncias – 12 anos da vida economicamente ativa sem contribuir ao INSS e ter começado a poupar do zero bem depois dos 40 anos de idade –, a estratégia escolhida para essa empreitada pode soar demasiadamente arrojada aos ouvidos de investidores mais conservadores, como eu já fui algum dia. E esse é um dos preços a pagar quando não se começa cedo a pensar no futuro, que, no meu caso, está logo ali na esquina.

REFERÊNCIAS BIBLIOGRÁFICAS

ALVES, Fábio. *Aposentar Nunca Mais*. Jornal O Estado de S. Paulo, São Paulo, 01/02/2017. Disponível em: **http://economia.estadao.com.br/noticias/geral,aposentar-nunca-mais,70001648415**

ALDERMAN, Liz. *Feeling Pressure 'All The Time' On Europe's Treadmill of Temporary Work*. Jornal The New York Times, New York, 09/02/2017. Disponível em: **https://www.nytimes.com/2017/02/09/business/europe-jobs-economy-youth-unemployment-millenials.html?_r=0**

Fedesarrollo y Fundación Saldarriaga Concha. (2015). *Misión Colombia Envejece: cifras, retos y recomendaciones*. Editorial Fundación Saldarriaga Concha. Bogotá, D.C. Colombia. 706p.

CNseg. *Maioria dos brasileiros desconhece as regras do sistema previdenciário brasileiro, aponta pesquisa FenaPrevi/Ipsos*. 23/08/2016. Disponível em: <**http://www.cnseg.org.br/cnseg/servicos-apoio/noticias/maioria-dos-brasileiros-desconhece-as-regras-do-sistema-previdenciario-brasileiro-aponta-pesquisa-fenaprevi-ipsos.html**>

TNS Global. *Promovendo o Futuro: Percepções e atitudes de empresas e sindicatos para com a previdência complementar*. In: SILVA, Devanir. Como disseminar de forma efetiva a previdência complementar no ambiente empresarial e associativo.

Apresentação feita no VII Encontro de Previdência Complementar, ABRAPP, Região Sul, julho/2016. Disponível em: <http://www.encontroregiaosul.com.br/apresentacoes/1470924867863511.pdf>

Zurich Insurance Group, Universidade de Oxford. *Falhas na Proteção de Renda 2016*. Disponível em: <https://www.zurich.com.br/pt-br/2/articles/2016/12/falhas-protecao-renda-2016>

Serviço de Proteção ao Crédito (SPC Brasil), Confederação Nacional dos Dirigentes Lojistas (CNDL). *Indicador de Reserva Financeira*. Disponível em: <https://www.spcbrasil.org.br/imprensa/noticia/2553>

Bankrate.com. *Survey: Most Americans Have Financial Regrets, Particularly about Savings*. Disponível em: <http://www.bankrate.com/finance/consumer-index/financial-security-charts-0516.aspx>

Serviço de Proteção ao Crédito (SPC Brasil), Confederação Nacional dos Dirigentes Lojistas (CNDL). *Quatro em cada dez jovens brasileiros não se preparam para a aposentadoria*. Disponível em: <https://www.spcbrasil.org.br/imprensa/noticia/2504>

Fidelity Investments. *How much do I need to save for retirement?* Disponível em: <https://www.fidelity.com/viewpoints/retirement/how-much-money-do-i-need-to-retire>

Fidelity Investments. *How much should I save each year?* Disponível em: <https://www.fidelity.com/viewpoints/retirement/how-much-money-should-I-save>

BENGEN, William P. *Determining withdrawal rates using historical data.* Journal of Financial Planning. Outubro/1994. Disponível em: <http://www.retailinvestor.org/pdf/Bengen1.pdf>

PFAU, Wade. *The 4% rule and the search for a safe withdrawal rate.* Forbes Magazine. Abril/2016. Disponível em: <https://www.forbes.com/sites/wadepfau/2016/04/19/the-4-rule-and-the-search-for-a-safe-withdrawal-rate/#5b29b8845a10>

AARP. *Planning for health care costs in retirement: a 2014 survey of 50+ workers.* Outubro/2014. Disponível em: <http://www.aarp.org/research/topics/economics/info-2014/health-care-costs-planning-for-retirement.html?intcmp=AE-BLIL-DOTORG>

Agência Nacional de Saúde Suplementar (ANS). *Painel de Precificação Planos de Saúde 2015.* Disponível em: <http://www.ans.gov.br/images/stories/Materiais_para_pesquisa/Perfil_setor/Foco/painel_precificacao2015_completo.pdf>

CAPÍTULO 2

NO BRASIL, A FORÇA DOS JUROS

Ainda é motivo de debate se seria lenda da internet ou se o físico alemão Albert Einstein teria realmente dito a seguinte frase: "Os juros compostos são a força mais poderosa do universo". Existem também outras variações dessa declaração atribuída a ele: "Os juros compostos são a oitava maravilha do mundo" e "Os juros compostos são a grande descoberta matemática de todos os tempos". Dada a genialidade de Einstein, muitos acadêmicos e estudiosos acreditam que tais frases atribuídas a ele não passam de lorota da internet, pois provavelmente os juros compostos não seriam um tema assim tão fascinante e complexo para embasbacar a inteligência do ganhador do prêmio Nobel. Duvida-se que sua atenção ou paciência tenham sido dedicadas a fazer qualquer comentário sobre juros compostos. De qualquer forma, é inegável a força poderosa que os retornos compostos têm sobre os investimentos. E até Einstein concordaria com isso. Ou, pelo menos, é o que diria o bilionário americano Warren

Buffett que, graças aos retornos compostos do mercado acionário dos Estados Unidos, fez fortuna e fama.

No Brasil, com o histórico de descontrole dos gastos públicos e de deficit fiscal crônico, levando o governo a se financiar cada vez mais junto a investidores domésticos e estrangeiros emitindo títulos públicos a taxas de juros exorbitantes, os mais ricos do país, com acesso a consultorias financeiras, descobriram há muito mais tempo o que pouquíssimas pessoas da classe média conseguiram aproveitar: a força dos juros compostos. Especialmente com o aumento do poder de compra após o controle mais duradouro da inflação, a partir do Plano Real, em 1994, o efeito de juros elevadíssimos incidindo sobre juros elevadíssimos, amplificando com força os ganhos das aplicações financeiras, não somente enriqueceu, como também criou uma robusta classe de rentistas no Brasil.

Quer seja por falta de informação ou simplesmente por não dispor de um excedente de renda para poupar e investir, grande parcela da população pouco ou nada se beneficiou desses retornos compostos proporcionados pelas históricas altas taxas de juros pagas pelas aplicações de renda fixa. Ao menos não nos últimos 30 anos, quando o Brasil atravessou períodos de descontrole, ora da inflação, ora dos gastos públicos. Ao contrário do que sempre aconteceu em países desenvolvidos, onde o investimento em ações de empresas nas bolsas de valores é a aplicação preferida de quem pensa em construir uma reserva de longo prazo, com vistas à aposentadoria, no Brasil, sempre foi frequente, em períodos de crises econômica e política, o desvio do dinheiro destinado à produção de bens e serviços para o ganho mais fácil em aplicações cujos rendimentos são atrelados às taxas de juros. Em momentos de estresse econômico ou político, quantos empresários preferiram aplicar na renda fixa recursos originalmente destinados ao investimento na ampliação da produção ou modernização das fábricas? Ou seja, se de um lado a elite brasileira se beneficiou de um efeito de riqueza e aumentou exponencialmente sua poupança graças aos juros elevados, de outro, a produção industrial e o investimento em diversos setores da economia real foram asfixiados pelo exorbitante custo do dinheiro no Brasil, afetando o emprego e a renda dos trabalhadores. O que sempre explicou e esteve por trás dos juros compostos no Brasil – gastos públicos explosivos, desarrumação macroeconômica e inflação elevada – também foi responsável por corroer os rendimentos das ações de empresas brasileiras negociadas em bolsa de valores, além, é claro, das regras fracas ou pouco exigentes de governança corporativa, prejudicando acionistas minoritários, na maioria dos casos.

Nos Estados Unidos, por exemplo, a força dos retornos compostos sempre trabalhou a favor de quem investiu no mercado acionário, isto é, nas ações das grandes corporações americanas negociadas em bolsas. Essas ações foram, e ainda são, os pilares para os americanos que desejam formar uma poupança de longo prazo. Quem investe em ações de empresas americanas está, na realidade, fazendo uma aposta sobre o desempenho da economia dos Estados Unidos. E, desde o fim da Segunda Guerra Mundial, apesar de ter enfrentado algumas crises agudas, como a da alta do preço do petróleo, na década de 1970, e a causada pela bolha de crédito resultante da especulação com investimentos lastreados em hipotecas imobiliárias em 2008, a economia dos Estados Unidos acumula um desempenho marcado por um crescimento sustentado. O Produto Interno Bruto (PIB) dos Estados Unidos registrou um crescimento médio anual por volta de 3,2% entre 1947 e 2015. Pode até ser uma taxa modesta para países emergentes, como a China, a Índia ou até o Brasil, durante o seu "milagre econômico" na década de 1970 ou durante o "boom" das commodities, quando houve uma forte valorização dos preços de matérias-primas, como o minério de ferro, entre 2003 e 2011. No entanto, a expansão da economia americana foi muito mais consistente ao longo de quase 70 anos, isto é, menos vulnerável a períodos de superaquecimento seguidos de forte contração do PIB, com exceção de crises e choques da economia mundial, como a já citada disparada dos preços do petróleo na década de 1970 ou a crise financeira mundial de 2008. Além disso, os ganhos de produtividade na economia americana – ao se mensurar, por exemplo, o valor da produção real por hora de insumo da força de trabalho – amplificaram os efeitos do crescimento do PIB. Na década de 1990, os ganhos de produtividade da economia americana foram particularmente acelerados, superando com folga o salto dado por outras economias desenvolvidas e emergentes. Maior produtividade resulta, geralmente, em maiores lucros para as empresas, por exemplo. E as ações das empresas americanas refletiram esse desempenho nos seus preços, gerando retornos astronômicos para quem teve a paciência de comprá-las e mantê-las em seu poder por um longo período. Por outro lado, como os Estados Unidos nunca sofreram um problema fiscal crônico e grave, a exemplo do Brasil, quem investisse em juros nunca conseguiria amealhar a fortuna daqueles que aplicassem seus recursos na bolsa de valores, uma vez que o retorno composto dos juros americanos sempre foi muito menor do que no Brasil, ou do que o das ações negociadas em bolsas de valores dos Estados Unidos.

A fortuna deixada por Ronald Read, um senhor americano que, ao morrer, aos 92 anos de idade, deixou US$8 milhões investidos em ações de empresas americanas, é o maior exemplo da força dos retornos compostos proporcionados pela aplicação em bolsas de valores nos Estados Unidos. Uma reportagem do jornal *The Wall Street Journal* detalhou a estratégia de investimento desse senhor ao longo dos anos, que ganhou a vida como zelador de uma loja de departamentos e, antes, como funcionário de um posto de gasolina. De acordo com o artigo, Read comprou, em 13 de janeiro de 1959, 39 ações da companhia de energia elétrica Pacific Gas & Electric (PG&E), que valiam, naquela época, o equivalente a US$2.380. Quando Read morreu, em junho de 2014, ele ainda detinha aquelas ações, que aumentaram em número em razão de desdobramentos e outras operações e que valiam o correspondente a US$10.735. Esse é apenas um dos pequenos exemplos de valorização da carteira de ações daquele velhinho que, ao morrer, tinha em seu poder ao menos 95 papéis de diferentes empresas negociadas em bolsas de valores, muitos deles comprados décadas antes. Read não era propriamente um prodígio do mercado financeiro: ele simplesmente comprou ações de empresas que considerava sólidas e que pagavam elevados dividendos, que ele reinvestia na compra de mais ações, em vez de gastá-los comprando bens e serviços. Além disso, o idoso não tentou especular e ganhar com os altos e baixos da bolsa de valores. Ele apenas teve a paciência de comprar e guardar as ações por muito tempo. E, ao comprar ações de grandes corporações americanas, sólidas e estabelecidas, Read estava, na realidade, fazendo uma aposta na força da maior economia do mundo e na responsabilidade das autoridades econômicas dos Estados Unidos em adotar políticas que resultassem em um crescimento sustentado, com boas taxas de emprego e inflação sob controle.

O senhor Read, aliás, contou com o tempo a seu favor para potencializar o retorno composto do seu investimento, resultando na fortuna de US$8 milhões. Não à toa, os consultores financeiros repetem à exaustão o conselho de que, quanto antes se começar a poupar e a investir, maiores e melhores serão os resultados. O tempo, inclusive, permite ao investidor assimilar erros de escolhas e de decisões ao longo do caminho, diluindo os prejuízos em meio aos resultados positivos. O velhinho americano, por exemplo, amargou perdas com as ações que detinha da *Lehman Brothers Holdings*, instituição financeira que faliu com a crise da bolha de crédito em 2008. Por outro lado, ele se beneficiou com longos períodos de bonança e crescimento da economia americana desde o pós-guerra. O curioso é que o que deu força ao retorno composto das ações de empresas americanas ao longo desse período – de saúde e solidez da economia dos Estados Unidos – foi também o que manteve o nível de juros relativamente baixo, se comparado com as taxas praticadas em países com problemas fiscais crônicos, como o Brasil.

Basta ver a história de June Gregg, uma senhora que comemorou 100 anos de idade em 2011 e que mantinha na sua conta de poupança um depósito de US$6,11 feito pelo seu pai havia inacreditáveis 98 anos. Ou seja, seu pai abriu aquela conta para ela no banco quando June Gregg tinha apenas dois anos de idade. A história da senhora Gregg foi contada por jornais, sites, revistas e canais de televisão dos Estados Unidos. Embora nem o banco nem a senhora Gregg tenham revelado a quantia acumulada em 98 anos, a especulação em torno da decisão dela de manter aquele dinheiro em uma conta de poupança foi grande: teria sido uma decisão acertada ou ela teria tido melhores resultados se tivesse aplicado aquele dinheiro em ações, por exemplo? Em um cenário mais otimista de juros, se as cadernetas de poupança nos Estados Unidos ("savings accounts") pagassem um rendimento de 5% ao ano ao longo dos 98 anos de existência daquela conta, a senhora Gregg teria acumulado, ao final do período, um total de US$728,77. Em um cenário mais conservador e, provavelmente, mais realista, se as cadernetas de poupança tivessem pago juros de apenas 3% ao ano durante aquele tempo, a senhora Gregg teria amealhado apenas US$110,69. Em ambos os casos, fica a sensação de que ela poderia ter feito um uso melhor desse dinheiro em algum momento dos 98 anos, sem levar em conta, obviamente, o valor sentimental de ter uma conta aberta pelo seu pai aos dois anos de idade.

Todavia, o desfecho teria sido surpreendente se a taxa de retorno composto para calcular o quanto a senhora Gregg poderia ter ganho em 98 anos não fosse baseada nos juros pagos pela caderneta de poupança, mas sim no retorno das ações de empresas americanas na bolsa de valores. Em um cenário megaotimista, tome-se o exemplo da taxa de retorno composta anualizada da carteira de Warren Buffett, o icônico bilionário americano e guru mundial dos investimentos. A empresa dele, o conglomerado multinacional Berkshire Hathaway, publicou, em 2014, um relatório anual comemorativo de 50 anos sob a gestão de Buffett. Nesse documento, ele revela a taxa de retorno composto anualizado que a empresa teve entre 1965 e 2014: impressionantes 21,6% ao ano, ou um total acumulado de 1.826.163%. Isso mesmo: 1.826.163%! Em comparação a esse desempenho astronômico, o índice Standard & Poor's (S&P) 500, um dos principais índices do mercado acionário dos Estados Unidos e que reflete a valorização das ações das 500 maiores empresas americanas listadas em bolsa de valores, registrou, no mesmo período, uma taxa de retorno composto anualizada de 9,6%, ou uma variação total de 11.196%. Longe dos lucros astronômicos de Buffett, mas, ainda assim, uma rentabilidade muito boa.

Se em vez dos juros pagos pela caderneta de poupança, mesmo no cenário otimista de 5% ao ano, os US$6,11 depositados pelo pai da senhora June Gregg tivessem seu rendimento acumulado ao longo do tempo pela taxa de retorno composto anualizada obtida por Warren Buffett — os 21,6% ao ano —, ao final de 98 anos, esses US$6,11 teriam se transformado em US$1.286.860.747,61. Isso mesmo: US$1,28 bilhão. Obviamente, Buffett é um ponto fora da curva, combinando uma dose grande de genialidade com uma pitada de sorte. Se a senhora Gregg tivesse sido conservadora e aplicado em um investimento que replicasse o desempenho do índice S&P 500, os seus US$6,11 teriam rendido US$48.694,01. Sim, está longe de ser uma fortuna, mas, ainda assim, seria um excelente resultado para um trocado de US$6,11.

No Brasil, a força do retorno composto no longo prazo sempre esteve nas aplicações de renda fixa que acompanham os juros básicos da economia, e não na rentabilidade das ações de empresas. Aliás, avaliar o desempenho histórico das ações brasileiras negociadas em bolsa de valores esbarra em alguns obstáculos.

Primeiro, houve longos períodos de inflação elevada – ou de hiperinflação, em alguns momentos mais conturbados da nossa história recente – registrados na economia brasileira, o que, de alguma forma, acaba distorcendo a rentabilidade das empresas e dos investimentos, assim como suas ações, em uma perspectiva de longo prazo. Isso é especialmente verdade para uma análise da variação das ações negociadas em bolsa antes do Plano Real, a partir do qual finalmente as autoridades econômicas do país conseguiram debelar de vez o problema crônico de índices exorbitantes de preços ao consumidor.

Segundo, é preciso levar em conta o número de ações que deixaram de existir na bolsa brasileira ao longo das décadas, saindo da composição do Ibovespa. Obviamente, o principal índice do mercado acionário brasileiro nunca foi descontinuado por essa rotatividade das ações que fizeram parte dele ao longo do tempo, mas o Ibovespa não reflete de fato o que muitos investidores perderam potencialmente ao ver muitas de suas ações deixarem de existir por uma razão ou outra, o que dificulta a comparação do desempenho histórico dos mercados acionários do Brasil e dos Estados Unidos. Portanto, não se pode ignorar essa taxa de mortalidade, por assim dizer, das empresas brasileiras negociadas em bolsas no cálculo de quanto se ganhou ou se perdeu dinheiro em 20 ou 30 anos no mercado acionário, quer seja por falência (algo que aconteceria também no mercado americano), fusão com outra empresa, aquisição por uma companhia rival, ou ainda pela intervenção governamental, a exemplo de programas de privatização, que são um fator bem mais específico do Brasil.

Isso é um reflexo, em particular, do baixo nível de proteção de acionistas minoritários, ou aqueles detentores de ações sem direito a voto (as preferenciais), muito em parte por conta das regras menos rígidas de governança corporativa. Não raro, os investidores minoritários tiveram que amargar prejuízos em operações de fusão e aquisição, reestruturação societária, troca de controle acionário, entre outras transações. A experiência mostra que, na maioria das operações envolvendo companhias abertas no Brasil, o desfecho foi a transferência de valor para o bloco controlador do capital de uma empresa em detrimento dos acionistas minoritários. Por mais experiente que o investidor seja, ao deter uma parte minoritária do capital de uma empresa, ele sempre corre mais risco do que um investidor americano, por exemplo, de ver o valor de suas ações vazar para acionistas controladores em razão de diversas operações que acabam por ferir as melhores práticas de governabilidade.

Além disso, a maior volatilidade do mercado acionário brasileiro também turva a avaliação do desempenho das ações no longo prazo, em comparação com a observada nos Estados Unidos. A ocorrência mais frequente de picos e vales nos preços das ações nacionais deixa os investidores aqui mais vulneráveis à venda de suas posições em períodos de correção da bolsa. Para os profissionais, como os gestores de fundos de investimentos, a volatilidade é o combustível para fazer dinheiro. Sem ela, há menos oportunidade para garimpar operações que resultem em grandes lucros. Mesmo para os experientes e para quem vive do mercado financeiro, a volatilidade representa risco. E isso é mais verdadeiro quando se trata de amadores e investidores menos experientes. Quantas pessoas já não compraram ações em momentos de alta e de ebulição do mercado e foram forçadas a vendê-las em períodos de baixa ou de correção da bolsa, quer seja por aflição de ver os índices acionários despencarem, quer seja por alguma emergência financeira que lhes forçou a resgatar o investimento? Os números mostram que a bolsa americana é bem menos volátil que a brasileira. Isso reforça o maior risco de se aplicar no mercado acionário brasileiro, levando o investidor a exigir uma taxa de retorno mais elevada para abrir mão da rentabilidade oferecida pelos instrumentos de renda fixa. Por essa razão, ajustado ao risco (refletido na maior volatilidade), o retorno proporcionado pelas ações americanas pode ser visto como mais interessante do que as negociadas na bolsa brasileira em um horizonte de tempo mais longo, de 10 ou 20 anos, por exemplo.

Para ilustrar esse argumento, eis uma comparação simples considerando um período de 20 anos: entre 22 de novembro de 1996 e 22 de novembro de 2016, portanto, quando a inflação esteve relativamente sob controle após o Plano Real; o Ibovespa havia acumulado uma rentabilidade de 832,8%. Isso corresponde a uma taxa anualizada de retorno de 11,8%. Já o índice S&P 500 acumulou, no mesmo período, uma variação de 194,5%, equivalente a uma taxa anualizada de retorno de 5,5%. Por outro lado, de novembro de 1996 até novembro de 2016, o Ibovespa registrou uma volatilidade de 33,3%, enquanto que a volatilidade observada no S&P 500 foi de 19,6%. Ou seja, o risco que corre o investidor ao sacar o seu dinheiro da bolsa de valores brasileira em um momento de correção nos preços das ações é muito maior do que o do mercado acionário americano. Levando-se em conta, por exemplo, o desempenho do Ibovespa durante o governo da ex-presidente Dilma Rousseff, entre 2011 e 2015, o investidor minoritário ficou à mercê de um período notadamente destacado pelo intervencionismo governamental em vários setores da economia, como o de energia elétrica, alterando regras de atuação e de contratos. Entre 2011 e 2015, o Ibovespa registrou uma queda de 36,5%, caindo de 69.304,75 pontos para 44.014,93 pontos, o que correspondeu a uma taxa anualizada negativa de 8,7%. Veja-se também o que ocorreu com a Bovespa no ano de 2016: do nível mais baixo (quando o índice caiu até 37.046 pontos no decorrer da sessão de negócios do dia 20 de janeiro) até o pico (quando atingiu 65.291 pontos ao longo do pregão do dia 1 de novembro), o Ibovespa registrou um ganho de 76,26%. Mas, logo após atingir o pico, a bolsa chegou a cair 11,82%, quando recuou a 57.574 pontos durante o pregão do dia 15 de dezembro. E, no ano de 2016 como um todo, o Ibovespa acabou registrando um ganho de 38,94%. Entretanto, houve quem lucrou incríveis 76%, mas também houve quem perdeu muito dinheiro em 2016 se comprou ações a preços próximos ao nível máximo e vendeu em momentos de correção do mercado. Portanto, o número frio da rentabilidade da Bovespa em 2016, muito alardeado em rankings de investimentos publicados na imprensa, pode não ter significado muita coisa para quem não soube entrar e sair na hora certa. Sem contar que no ano anterior, 2015, a Bovespa havia perdido 13,31%. De fato, a volatilidade da bolsa brasileira em 2016 permitiu ganhos invejáveis para os profissionais que acertaram ao comprarem as ações na baixa para depois vendê-las na alta. Mas esse movimento, por mais simples que possa parecer, é, na realidade, uma tarefa difícil, complexa e fugidia, até para os mais experientes investidores do mercado acionário. Assim, para o investidor mediano ou amador, a volatilidade da Bovespa é um elemento negativo a mais a ser levado em conta na hora de escolher entre aplicar o dinheiro em ações ou em renda fixa.

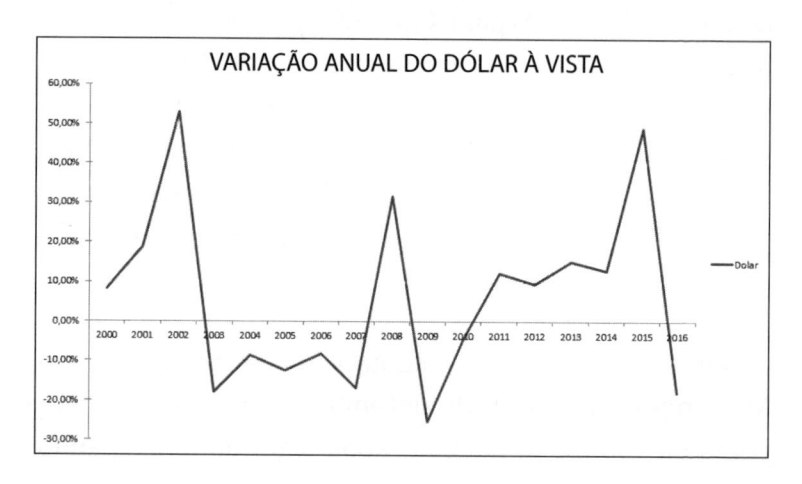

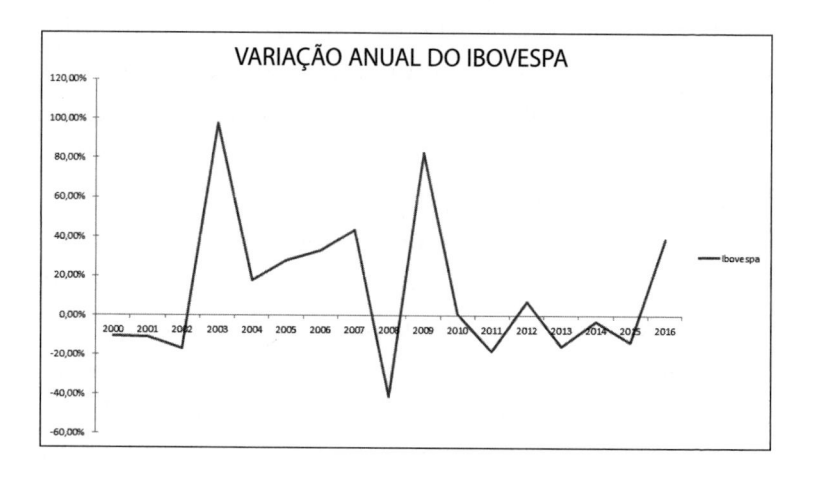

Gráfico: VARIAÇÃO ANUAL DO DÓLAR À VISTA (2000-2016)

Gráfico: VARIAÇÃO ANUAL DO IBOVESPA (2000-2016)

VARIAÇÃO ANUAL DA CADERNETA DE POUPANÇA

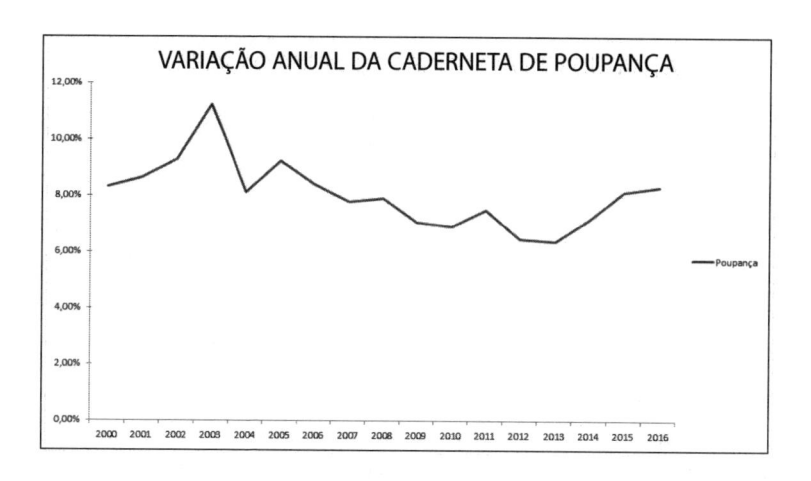

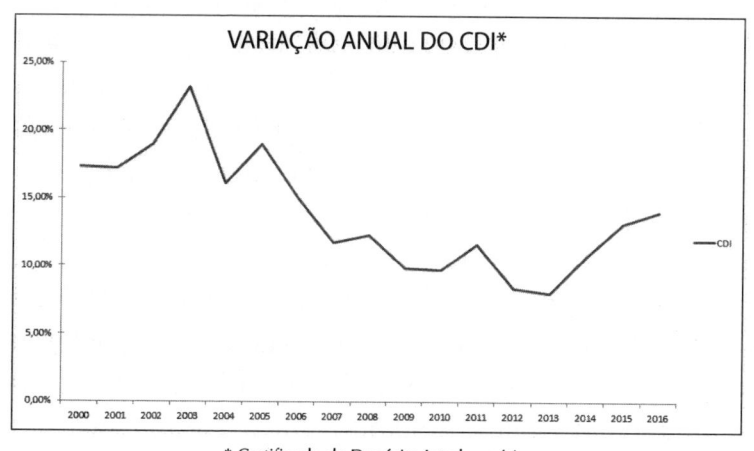

VARIAÇÃO ANUAL DO CDI*

* Certificado de Depósito Interbancário

Portanto, não chega a ser uma surpresa a preferência dos brasileiros por aplicações de renda fixa, a fim de aproveitar os elevados juros praticados no país, uma vez que o retorno dos investimentos atrelados aos juros parece mais vantajoso quando se leva em conta a volatilidade e o risco existentes no mercado acionário. Isso não significa que os papéis de renda fixa não sofram com a volatilidade na negociação do mercado secundário, nem que sejam isentos de riscos, entre eles, o de crédito do emissor, caso este seja privado, o que pode resultar em perdas para o investidor se a sua aplicação ultrapassar os R$250 mil cobertos pelo Fundo Garantidor de Crédito (FGC), como acontece com os depósitos a prazo (a exemplo dos Certificados de Depósito Bancário, CDB), letras de crédito imobiliário (LCI) ou do agronegócio (LCA), entre outras aplicações. Ou, ainda, que, além do risco de crédito resultante de uma situação de extrema gravidade de eventual insolvência do governo, títulos prefixados do Tesouro Nacional sofram perdas se a inflação disparar, puxando, por tabela, os juros básicos da economia. Mas o histórico recente mostra que a renda fixa proporcionou uma rentabilidade maior e mais consistente do que a observada no mercado acionário, porém, apresentando uma volatilidade menor. E que, por mais caótica que fosse a crise enfrentada pelo país, os detentores da dívida pública doméstica nunca sofreram um calote do governo, ao contrário do que já aconteceu com investidores estrangeiros que compraram títulos externos emitidos pelo Tesouro Nacional. Nessas situações extremas, o governo acaba preferindo emitir dinheiro, fazendo a inflação disparar e, assim, corroendo o valor da sua dívida mobiliária doméstica.

Se entre 2011 e 2015, por exemplo, em vez da bolsa de valores, o investidor tivesse preferido aplicar o seu dinheiro em investimentos que replicassem a variação do Certificado de Depósito Interbancário (CDI), cuja taxa serve de referência para fundos de investimentos DI e outras aplicações de renda fixa, acompanhando de perto os juros básicos da economia, a variação acumulada obtida nesse período seria de 64%, com um retorno aproximado de 10,4% ao ano – uma diferença impressionante em comparação à taxa negativa de 8,7% ao ano do Ibovespa entre 2011 e 2015. Ou seja, enquanto o investidor acumulou ganhos expressivos na renda fixa, mesmo quando a taxa Selic (os juros básicos da economia estabelecidos pelo Banco Central) caiu a níveis de baixa recorde, chegando a 7,25%, ele perdeu dinheiro ao apostar nos lucros das empresas brasileiras negociadas em bolsas. Não apenas o governo Dilma Rousseff registrou uma diminuição no crescimento médio anual da economia, com inflação mais alta, afetando a capacidade de as empresas crescerem e lucrarem mais, como também o intervencionismo afetou o ambiente de negócios e a confiança de investidores e empresários, o que foi negativo para o mercado acionário. Mesmo na comparação de mais longo prazo, isto é, um período de 20 anos (entre 22 de novembro de 1996 e 22 de novembro de 2016), a bolsa de valores teve um desempenho inferior para quem escolheu algum produto financeiro que replicasse a variação do CDI. Nesse período, a taxa de juros paga pelo CDI acumulou 1.740,5%, ou o equivalente a um retorno anualizado de 15,7%, em contraste com o retorno anualizado de 11,8% no período para o Ibovespa, sem esquecer a volatilidade de 33,3%, tornando-o um investimento muito mais arriscado do que a renda fixa foi.

Para se ter uma noção da força dos juros compostos no Brasil, no segundo semestre de 2015, no auge do estresse do mercado financeiro em meio à crise econômica – com a deterioração das contas do governo e dos indicadores de atividade – e à crescente pressão pelo impeachment de Dilma Rousseff, os juros pagos pelos títulos do Tesouro Nacional prefixados, e também aqueles atrelados à inflação, dispararam. No dia 23 de setembro de 2015, por exemplo, uma LTN (título prefixado do Tesouro) com vencimento em 01 de janeiro de 2021 fechou a sessão de negócios pagando uma taxa de 16,95%. Se o investidor comprasse R$100 mil desse papel naquele dia e esperasse até seu vencimento (correspondendo ao menos a cinco anos de aplicação naquela LTN), ele receberia líquido (isto é, descontada a alíquota de 15% de Imposto de Renda e também de uma taxa de 0,5% ao ano de uma corretora que atua como agente de custódia, além da taxa de 0,3% cobrada pela BM&FBovespa) um total de R$203.090,68. Isso corresponderia a uma taxa de rentabilidade bruta de 16,84% ao ano e a uma taxa de retorno líquida (descontando-se o IR e todas as taxas) de 14,35% ao ano. Obviamente, nem todas as corretoras que atuam como agentes de custódia cobram taxas de seus clientes a fim de atraí-los para outros produtos vendidos pela instituição. Se, por acaso, você comprasse esse título por meio de uma corretora que o isentasse dessa taxa, o seu resgate líquido no vencimento seria de R$205.118,24. Suponhamos que o investidor não tivesse conseguido comprar o título do Tesouro no auge do estresse da crise política e econômica em 2015, e sim a uma taxa menor ao longo daquele ano. Os ganhos teriam sido impressionantes do mesmo jeito. A menor taxa de juros paga pela LTN com vencimento em 2021 ao longo de 2015 foi de 11,66%. Ou seja, um investimento de R$100 mil a essa taxa anualizada de retorno composto ao longo de cinco anos de aplicação resultaria em um total líquido de R$162.199,15, sendo que a rentabilidade já descontada do IR e de todas as taxas seria equivalente a 9,55% ao ano. Em 2016, a LTN de mais longo prazo passou a ter vencimento em 01 de janeiro de 2023. Em 21 de janeiro de 2016, esse papel pagou juros de 16,84%. Em quase sete anos de aplicação até o vencimento da LTN, essa taxa resultaria em um total líquido (após o recolhimento do IR e de todas as taxas cobradas no exemplo inicial) a ser resgatado pelo investidor de R$255.823,65. A rentabilidade líquida seria equivalente a 14,47% ao ano, se o investidor tivesse feito a compra do papel utilizando uma corretora que cobrasse uma taxa de 0,5% ao ano. A taxa de juros mais baixa paga por esse papel em 2016 foi de 11,08%, o que ainda assim proporcionaria retornos elevados em quase sete anos de aplicação.

No caso do Tesouro Direto, o investidor não precisa necessariamente esperar até o vencimento do título para resgatar o dinheiro aplicado. Ele pode vender os papéis que comprou a qualquer momento se, por acaso, houver uma emergência financeira e ele precisar fazer uso do dinheiro. Todavia, se fizer o resgate antes do prazo do vencimento, ele terá de vender o título ao preço que estiver sendo negociado no mercado secundário. Ou seja, o investidor corre o risco de vender os papéis com perdas, se o seu preço estiver abaixo do valor na data de compra. Essa situação pode ocorrer com um título prefixado se, por exemplo, a inflação disparar e o Banco Central tiver de elevar os juros básicos a um patamar maior do que estava quando o investidor comprou esse papel. Por outro lado, o investidor poderá vender esse título com lucro se, por exemplo, os juros básicos forem cortados a um nível abaixo daquele registrado no momento da compra do papel. De qualquer forma, se o investidor comprar esse título, assim como papéis de longo prazo indexados à inflação, e esperar para resgatar apenas no vencimento, ele conseguirá se beneficiar da força dos retornos compostos proporcionados pela renda fixa no Brasil.

A classe média brasileira aproveitou bem menos todos esses anos de juros elevados do que a parcela mais rica da sociedade. Isso porque, quem tinha algum excedente de renda para poupar, acabou destinando esses recursos a cadernetas de poupança ou, na melhor das hipóteses, fundos de investimentos mais conservadores de renda fixa, como os fundos DI, que buscam acompanhar a variação da taxa básica de juros. Em ambos os casos, a força dos juros compostos trabalha muito menos a favor do investidor, quer seja pelo rendimento menor das cadernetas de poupança, quer seja pelas taxas de administração cobradas pelos fundos. No caso das cadernetas de poupança, o rendimento corresponde a 70% da taxa Selic sempre que os juros básicos da economia estiverem abaixo de 8,5% ao ano, ou a 0,5% ao mês quando a taxa Selic estiver acima de 8,5%, sempre acrescidos da correção pela TR (Taxa Referencial). Já os fundos de investimentos cobram taxas de administração, que, dependendo do valor da aplicação, podem chegar a salgados 4%, corroendo a rentabilidade do investimento. Para algumas categorias, como fundos multimercados e de ações, por exemplo, há a cobrança de uma taxa de "performance", ou um percentual do desempenho da carteira quando a rentabilidade superar um patamar preestabelecido de um índice de referência de algum ativo, como ações ou o CDI.

Além disso, obviamente, os fundos de investimentos sofrem com a incidência do Imposto de Renda, como todas as outras aplicações financeiras, à exceção das cadernetas de poupança, fundos imobiliários, Letra de Crédito do Agronegócio (LCA) e Letra de Crédito Imobiliário (LCI). Nos últimos tempos, as LCA e LCI ganharam popularidade entre os investidores, especialmente aqueles que visavam manter o dinheiro aplicado por um prazo de até seis meses, uma vez que, ao serem isentos de imposto de renda, esses papéis acabam proporcionando uma rentabilidade de 100% do CDI, isto é, acompanhando os juros básicos, retorno que exigiria um valor aplicado muito elevado para ser proporcionado por um título como CDB. Mas o investimento mínimo exigido pelas LCA e LCI, a partir de R$5 mil na maioria das instituições que oferecem esses papéis, acaba sendo bem mais elevado do que esse valor. Pouquíssimas instituições oferecem esses papéis a partir de um investimento mínimo inicial de R$1 mil. Assim, não é difícil ver por que os produtos financeiros de renda fixa mais populares, acessíveis e difundidos por gerentes de bancos para a classe média – cadernetas de poupança e fundos de investimentos – proporcionam taxas de retornos menores do que as aplicações mais complexas ou que exigem valores investidos muito além dos excedentes de renda que a classe média tem disponível para aplicar. Um levantamento feito pelo Serviço de Proteção Ao Crédito (SPC Brasil) e pela Confederação Nacional de Dirigentes Lojistas (CNDL), em janeiro de 2017, mostrou que 58% dos poupadores não sabem quais são os investimentos com melhores taxas de retorno, proporção que aumenta para 63% entre os entrevistados das classes C, D e E. A caderneta de poupança é o investimento mais recorrente entre 61% dos entrevistados, com prazo de aplicação médio de três anos e um valor médio de R$2.152,00. A liquidez da poupança foi o principal motivo apontado para a sua preferência entre os ouvidos na pesquisa.

Por outro lado, a elite brasileira multiplicou os seus investimentos ao ter acesso à consultoria financeira mais sofisticada, buscando aplicações que aproveitassem ao máximo o retorno composto dos elevados juros praticados ao longo das últimas duas décadas no Brasil. Nos últimos anos, entretanto, essa situação vem se alterando, embora lentamente. Uma pesquisa feita pela Fecomercio-RJ, em julho de 2016, mostrou que 76% dos brasileiros com algum dinheiro guardado afirmaram que a caderneta de poupança é a principal opção de investimento. Esse mesmo levantamento feito em 2012 mostrou que 88% dos entrevistados disseram preferir a caderneta de poupança como principal opção de investimento, ou seja, uma queda de 12 pontos percentuais. Os que responderam preferir fundos de investimentos representaram apenas 7% dos entrevistados, embora apresentando um crescimento de 4 pontos percentuais em relação ao levantamento de 2012.

Paralelamente, o volume de aplicações e o número de investidores no Tesouro Direto, lançado em 2002, vem crescendo fortemente nos últimos anos. Ao final de 2016, o estoque de recursos aplicados nos diferentes títulos oferecidos pelo programa superou a barreira dos R$40 bilhões. No balanço de desempenho do programa, divulgado em janeiro de 2017, o Tesouro Nacional informou que, naquele mês, o volume de aplicações (R$2,47 bilhões), o número de operações (221.316) e o aumento de investidores ativos (21.632) bateu recordes históricos. Aliás, o total de investidores ativos atingiu 423.431 em janeiro de 2017, o que representou um crescimento de 71% em 12 meses. E o programa contava até então com 1.198.803 investidores cadastrados, um aumento de 84% em relação a igual período de 2016. Os títulos mais procurados foram os indexados à inflação (IPCA principal e IPCA com juros semestrais), que representavam quase 50% do volume total de investimentos, seguidos pelos papéis atrelados à taxa Selic (25,7%) e pelos títulos prefixados (24,5%).

Diante da popularidade das diversas aplicações de renda fixa entre os investidores brasileiros, resta a pergunta: por que o Brasil precisou manter juros altos durante tantos anos? Uma resposta simples: endereçar um praticamente eterno desajuste fiscal, no qual uma estrutura rígida de despesas obrigatórias previstas na Constituição de 1988 foi agravada nas últimas quatro décadas por um crescimento mais acelerado do gasto público em relação à arrecadação de tributos e impostos, especialmente em razão dos desembolsos com os benefícios da Previdência Social. Ou seja, o desequilíbrio fiscal observado no Brasil por décadas resultou, entre outras consequências, em uma inflação mais elevada, forçando o Banco Central a praticar juros básicos mais altos e contaminando não somente as taxas cobradas de quem precisou tomar dinheiro emprestado, mas também as que remuneraram aqueles que tinham recursos disponíveis para emprestar e aplicar em instrumentos de renda fixa, em especial, os títulos emitidos pelo Tesouro Nacional para financiar as necessidades do governo.

É verdade também que, nos últimos 20 anos, pelo menos, a carga tributária brasileira aumentou bastante para fazer frente aos gastos públicos crescentes. Em 1996, a carga tributária brasileira correspondia a 26% do Produto Interno Bruto (PIB) do país. Em 2015, havia atingido 32,7% do PIB, após ter atingido 33,4% em 2011. No entanto, por muito tempo, a maneira como os diferentes governos do Brasil lidaram com o desajuste das contas fiscais foi por meio de um aumento substancial da dívida pública, ou imprimindo moeda e despejando na economia. Em outras palavras, gerando maior inflação. Em 1997, as despesas primárias do governo central (gastos com pessoal, com a Previdência Social e com benefícios sociais, como o seguro-desemprego, e as transferências para programas como o Bolsa Família, entre outros desembolsos da máquina administrativa) correspondiam a 14% do PIB brasileiro. Em 2015, essas despesas primárias – que não incluem o pagamento de juros da dívida pública – passaram a responder por 19,6% do PIB. Neste mesmo ano, essas despesas somaram R$1,158 trilhão, dos quais nada menos que R$436,09 bilhões (ou 7,4% do PIB) foram desembolsados apenas para pagar benefícios previdenciários. Depois do Plano Real, quando houve um ajuste fiscal mínimo, o aumento de tributos e impostos – isto é, uma carga tributária mais pesada – foi a forma encontrada para administrar um crescimento acelerado dos gastos do governo, substituindo, assim, o velho costume de imprimir moeda ou elevar a dívida pública.

No entanto, como ficou evidente após os dois anos consecutivos de retração da atividade econômica – com maior desemprego e inflação elevada em 2015 e 2016 –, a estratégia de aumentar impostos e tributos esgotou-se, chegou ao seu limite, quer seja porque a sociedade brasileira já não aceita mais pagar uma carga tributária ainda maior, quer seja pelos efeitos econômicos negativos sobre o investimento e a produção. Sem financiar seus gastos crescentes através de mais impostos para aumentar a sua receita e sem imprimir mais moeda, gerando inflação, o governo vê a dívida pública crescer a uma taxa acelerada. Em dezembro de 2011, ao final do primeiro ano da gestão da ex-presidente Dilma Rousseff, a dívida bruta brasileira correspondia a 51,3% do PIB. Em dezembro de 2015, essa dívida já estava em 66,5% do PIB, passando para 70,1% do PIB em agosto de 2016. O Fundo Monetário Internacional (FMI) estimou, em um relatório publicado em outubro de 2016, que a dívida bruta do Brasil alcançaria 93,6% em 2021. Vários analistas de instituições financeiras projetam que a dívida bruta brasileira poderá ultrapassar 100% do PIB em 2024. Essa trajetória acelerada do endividamento público leva investidores a exigir taxas de juros mais elevadas para seguir financiando as necessidades do governo, isto é, seguir comprando os títulos emitidos pelo Tesouro para cobrir o deficit fiscal. Isso, em parte, porque os gastos públicos vêm crescendo há anos a um ritmo mais acelerado do que as receitas. Em 2010, por exemplo, quando o PIB brasileiro cresceu 7,5%, enquanto as despesas totais do governo aumentaram 16% em termos reais, a receita líquida deu um salto de 21% acima da inflação. Já em 2014, quando a economia começou a derrapar, a receita líquida registrou uma queda real de 3%, mas as despesas totais aumentaram 6%, já descontada a variação da inflação. E em 2015, quando o país estava oficialmente em recessão, a receita líquida caiu 6% em termos reais, mas as despesas totais ainda apresentaram alta de 2% em termos reais.

Mas, após a aprovação, pela Câmara dos Deputados e pelo Senado Federal, da Proposta de Emenda Constitucional (também conhecida como a PEC do teto de gastos), que limita o crescimento dos gastos públicos à variação da inflação por 20 anos, podendo essas regras serem modificadas a partir do décimo ano, há muitos analistas que acreditam que o Brasil poderá entrar em um novo regime fiscal que permita uma trajetória mais sustentável da dívida pública, levando os investidores a exigir juros mais baixos para seguir financiando o governo brasileiro. Todavia, esse novo regime fiscal que pode surgir com a aprovação do teto do crescimento de gastos não se sustenta por muito tempo se não houver a aprovação de uma reforma da Previdência que aumente a idade mínima de aposentadoria do brasileiro para 65 anos, a fim de controlar o crescimento explosivo do deficit previdenciário. Isso porque os desembolsos com o pagamento de pensões e outros benefícios previdenciários consomem cerca de 40% dos gastos totais do governo. Se esses desembolsos seguirem crescendo no ritmo acelerado dos últimos anos (alguns analistas calculam uma expansão a um ritmo superior a 4% ao ano acima da inflação), em breve outras despesas não mais terão espaço diante da regra que limita o crescimento do teto de gastos.

Em fevereiro de 2017, quando a reforma da Previdência ainda estava tramitando na Câmara dos Deputados, os preços dos ativos brasileiros, em particular as ações negociadas na Bovespa, a cotação do dólar frente ao real e os juros futuros refletiam uma grande expectativa por parte dos investidores de que o governo Michel Temer conseguiria aprovar a reforma da Previdência com um nível de diluição (ou seja, o quão próximo o texto final aprovado seria da proposta original enviada ao Congresso) pequeno. Havia quem apostasse que o governo conseguiria ter a reforma da Previdência aprovada até o final do terceiro trimestre de 2017, passando pelo crivo dos parlamentares ao menos 70% das regras propostas pelo governo. Esse otimismo em relação à aprovação dessa reforma baseava-se na elevada fidelidade da base aliada do governo Temer. Segundo dados apurados pelo jornal O Estado de S. Paulo, na Câmara dos Deputados, por exemplo, os parlamentares votaram a favor do governo em 88% das votações nominais ao final de 2016. É uma taxa de adesão ao governo, por parte dos parlamentares da base aliada, muito maior do que a ex-presidente Dilma conseguiu. E a falta de fidelidade dos aliados da petista foi um dos grandes obstáculos para o governo dela conseguir avançar e aprovar medidas necessárias para a economia.

Se o Brasil, para além de 2018, quando elegerá o próximo presidente da República, entrar em um novo paradigma fiscal, controlando o ritmo de crescimento do gasto público, a tendência é de queda acelerada não somente da taxa Selic, mas também dos juros reais, ou seja, descontando-se a variação da inflação. Isso porque, com a maior confiança entre consumidores e empresários de que o governo finalmente conseguirá manter os gastos públicos sob controle, incluindo aí as finanças dos governos estaduais, não somente os índices de preços, como também as expectativas inflacionárias devem ceder para patamares civilizados. E, por tabela, o custo do dinheiro para quem toma emprestado, facilitando a retomada do emprego e do crescimento econômico. Ao final de 2015, por exemplo, a chamada taxa de juros real "ex-ante" (quando os analistas descontam do custo do dinheiro a estimativa de inflação nos próximos 12 meses) ultrapassava 8%. Em outubro de 2016, o Banco Central deu início a um ciclo de redução da taxa Selic, os juros básicos da economia, cortando-a em 0,25 ponto percentual para 14% ao ano. Foi o primeiro corte em quatro anos. Isso aconteceu porque a inflação corrente e as expectativas inflacionárias começaram a ceder. Em 2015, o IPCA – índice oficial de inflação – subiu 10,67%, a maior alta em 13 anos. Em 2016, esse índice subiu 6,29%, a menor taxa em três anos, e abaixo do teto da meta fixada pelo Banco Central, de 6,5%. Para o ano de 2017, os analistas estimavam, ao final de julho, uma alta da inflação de 3,4%, o que ficaria abaixo do centro da meta estabelecida pelo BC, de 4,5%. Com esse comportamento benigno esperado para a inflação, muitos analistas acreditam que o Banco Central reduzirá a taxa Selic agressivamente para ao redor do patamar mínimo histórico, de 7,25%. No fim de julho, a previsão era de que o BC cortaria a taxa Selic, ou seja, os juros básicos, para 8% ao fim de 2017. Mas havia analistas que projetavam uma taxa Selic em 7,5% ao fim de 2017 e de 7% ao fim de 2018. A combinação de uma melhora na trajetória da dívida bruta brasileira – se o governo cumprir uma agenda ampla de aprovação de reformas no Congresso Nacional que controlem estruturalmente os gastos públicos – e da desaceleração da alta da inflação provavelmente aumentará a confiança dos investidores na economia brasileira, elevando o potencial de crescimento do PIB e reduzindo o prêmio de risco que cobram – na forma de juros – para seguir aplicando em ativos brasileiros. Nesse processo, há analistas que estimam que a taxa de juros real (ou seja, descontada a inflação) caia do patamar de 8% observada até a primeira metade de 2016 para em torno de 4% nos próximos dois anos.

Para quem estava acostumado com juros básicos nominais elevados, uma eventual redução da taxa Selic para um dígito ou uma queda pela metade dos juros reais (acima da inflação) suscitaria a seguinte pergunta: vale a pena deixar o dinheiro estacionado em títulos de renda fixa, quer sejam atrelados a juros ou a índices de preços ao consumidor? Talvez não fosse o momento de voltar a arriscar em ativos reais, como imóveis, ou na própria bolsa de valores? Afinal, um investidor, em um título como a LCA, que estava acostumado a ganhar bastante dinheiro a uma rentabilidade equivalente a 110% do CDI quando os juros básicos da economia estavam em 14,25% ao ano, seria desestimulado a deixar o dinheiro nessa aplicação se a taxa Selic caísse para 8% ao ano, por exemplo. Se os juros, de fato, caírem para patamares muito mais baixos e de forma sustentável, uma rentabilidade de 110% do CDI, por exemplo, já não compensará como antes.

Mas, ao tentar responder a essas questões, é bom lembrar que os consultores de investimentos sempre aconselham a nunca colocar todo o dinheiro em um único tipo de aplicação financeira. Isto é, distribuir o risco de sua carteira de investimentos em algumas alternativas, conforme a disposição de cada pessoa em aceitar riscos. Além, é claro, de alocar os recursos conforme a disponibilidade de deixá-los parados em uma aplicação por um prazo mais curto ou mais longo. Nos Estados Unidos, não é raro ver investidores alocando, ao menos, 70% do patrimônio total (levando-se em conta aplicações financeiras e ativos reais, em particular imóveis) visando a aposentadoria, no mercado acionário. Lá, contudo, dado o histórico de retorno composto consistente e maior das bolsas de valores, faz sentido pensar no mercado acionário como principal fonte de formação de poupança para a aposentadoria. No Brasil, contudo, esse elevado percentual de alocação dos recursos em bolsa seria demasiado arriscado. Mas não seria imprudente pensar em uma alocação entre 10% e 30% do patrimônio total em renda variável ou ações negociadas em bolsas, especialmente se o investidor deixar essa aplicação nas mãos de profissionais, ou seja, de fundos de investimentos ou fundos de pensão. Isso faz mais sentido para quem começou a fazer a sua poupança visando a aposentadoria cedo. Quem tem 20 ou 30 anos de poupança e investimento pela frente pode absorver melhor os altos e baixos do mercado acionário brasileiro, como se viu nas últimas décadas.

Dito isso, comecei a minha empreitada de poupança e investimento demasiadamente tarde, o que requer um esforço muito maior para guardar e aplicar o dinheiro, mas também, assumir um perfil de risco que talvez eu não estivesse disposto a correr no passado. Há dez ou quinze anos, por exemplo, eu dificilmente consideraria a opção de deixar o dinheiro aplicado em um título público com prazo de vencimento de 20 anos. Provavelmente pensaria: estarei vivo até lá? E se precisar do dinheiro antes? Mesmo sendo uma aplicação de renda fixa, um título público com vencimento em 20 anos acaba elevando o risco de uma carteira de investimento para um perfil mais agressivo. Todavia, estando tão próximo dos 50 anos de idade – e pensando no esforço de poupar com o objetivo de formar um patrimônio para a aposentadoria –, as opções ficam mais escassas para se atingir a meta – e, por tabela, o meu perfil de investidor torna-se menos conservador. Assim, as minhas escolhas seguirão menos os conselhos que os consultores de investimentos sempre recomendaram para quem está começando uma poupança. Portanto, a minha carteira de investimento está menos diluída em diferentes aplicações. E por um simples motivo: a força do retorno composto no Brasil pareceu estar, ao menos nos últimos 30 anos, mais na renda fixa do que na bolsa de valores ou em ativos reais. A história parece mostrar que é mais seguro acumular patrimônio e riqueza no Brasil deixando os juros trabalharem a seu favor.

Mesmo que os juros reais caiam pela metade no Brasil, eles ainda estarão incomparavelmente bem acima do que se pratica em vários países do mundo. Vamos supor que, em um cenário de céu de brigadeiro na economia e na política no Brasil (aprovação da reforma da Previdência, controle da inflação e dos gastos públicos, retorno a um crescimento mais acelerado da atividade econômica e um apoio parlamentar mais coeso ao presidente da República), os juros reais caiam para 4%. E, nesse cenário, a inflação oficial medida pelo Índice Nacional de Preços ao Consumidor Amplo (IPCA) desacelere ao longo dos próximos anos para 4,5%, ou seja, no centro da meta fixada pelo Banco Central. Levando-se em conta essas duas premissas conservadoras (juros reais de 4% e uma inflação de 4,5%), se um investidor tivesse aplicado R$100 mil na compra de um título do Tesouro Direto atrelado ao IPCA em 15 de maio de 2015 (pagando todo o rendimento, isto é, juros e o valor principal apenas no vencimento) com vencimento em 15 de maio de 2035, portanto, 20 anos de prazo, ele receberia um valor líquido de R$420.038,44. Isso já descontadas a alíquota de 15% do imposto de renda e também as taxas (incluindo a de 0,3% ao ano da BM&FBovespa e uma eventual taxa de 0,5% ao ano cobrada pela corretora por meio da qual ele tenha feito a operação). Esse valor corresponderia a uma rentabilidade líquida de 7,44% ao ano em uma hipótese conservadora de juros reais e de inflação. A pergunta que fica é: mesmo que caia pela metade em relação aos níveis atuais, em quantos países do mundo o investidor conseguiria juros tão elevados para remunerar o dinheiro?

Ainda em um cenário positivo, é provável que a bolsa de valores volte a apresentar um desempenho melhor do que o observado nos últimos anos. Mas os fatores que afetam o preço das ações são diversos, e muito mais vulneráveis a surpresas negativas. O crescimento da economia, por exemplo, é um deles. Em agosto de 2016, os analistas estavam otimistas em relação à recuperação da economia brasileira, após dois anos seguidos de forte retração do PIB. Naquele mês, o consenso dos analistas ouvidos pela pesquisa Focus, do Banco Central, projetava um crescimento do PIB de 1,3% em 2017, com estimativas de expansão de até 2%. Em dezembro, esse consenso havia reduzido a projeção de crescimento para apenas 0,58%, com algumas instituições financeiras prevendo até um recuo do PIB, o que resultaria no terceiro ano consecutivo de queda na economia (recuo de 3,8% do PIB em 2015 e uma retração de 3,6% em 2016). Ao final de julho de 2017, apesar de o BC estar no meio de um agressivo ciclo de corte de juros, os analistas ouvidos na pesquisa Focus ainda estimavam um crescimento modesto para o ano, de 0,34%. E um crescimento mais modesto da economia pode ameaçar os resultados das empresas, que podem vender menos, terão menor espaço para reajustar o valor dos seus produtos e estarão menos dispostas a investir em expansão. E isso tem um reflexo direto no preço das ações negociadas em bolsa. Entretanto, o empurrãozinho dado pelo BC, na forma de juros básicos bem mais baixos, animou os investidores em bolsa, fazendo com que a Bovespa superasse os 69 mil pontos em meados de fevereiro de 2017, maior patamar desde abril de 2011. Os investidores estavam provavelmente olhando bem mais à frente, uma vez que os analistas passaram a projetar um crescimento do PIB brasileiro de 2,39% em 2018, ou seja, uma recuperação bem mais robusta da atividade econômica levando-se em conta os desempenhos ruins de 2014, 2015, 2016 e, em algum grau, 2017.

Outra variável difícil de mensurar é o valor do dólar. Uma moeda americana mais valorizada frente ao real representa uma ajuda incrível para os exportadores brasileiros, mas pode ser uma ameaça aos lucros para as companhias com elevado endividamento em dólar. Obviamente, uma alta ordenada da moeda americana permite às empresas mais tempo para conseguirem se ajustar a essa nova realidade do câmbio. Mas uma valorização forte e rápida é sempre problemática, deixando pouco espaço para as empresas encontrarem maneiras de minimizar o impacto de um ajuste brusco da cotação do dólar. Em 2015, por exemplo, a moeda americana subiu 48,93% frente ao real, encerrando aquele ano a R$3,9601, após ter negociado boa parte da última sessão de negócios do ano acima da barreira de R$4,00. Já em 2016, o dólar perdeu 17,88% frente ao real, encerrando o ano a R$3,2521. E o otimismo em relação à aprovação das reformas estruturais no Congresso brasileiro levou a moeda americana a perder mais terreno frente ao real no início de 2017. Em 23 de fevereiro de 2017, o dólar caiu para R$3,0531, menor valor desde 21 de maio de 2015.

Assim como a perda de fôlego do dólar é importante para as empresas brasileiras com dívidas na moeda americana, a queda dos juros básicos representa um alívio importante nas despesas financeiras das empresas brasileiras, o que melhora substancialmente o seu lucro. E não só isso: abre espaço para as empresas tomarem emprestado para investir na ampliação da produção, contratando mais funcionários e aquecendo a economia. No entanto, e se essa redução dos juros não se der de forma sustentável? Afinal, no governo Dilma Rousseff, o Banco Central reduziu a taxa Selic para o menor patamar histórico, 7,25%. Isso durou pouco. A disparada da inflação, alimentada pela expansão desordenada dos gastos públicos durante o governo petista, forçou o BC a elevar os juros, chegando a 14,25%.

Assim, na hora de decidir onde deixaria o meu dinheiro investido por muitos e muitos anos, visando amealhar a minha pequena fortuna, eu me fiz as seguintes perguntas: quão confiante eu estava de que o Congresso aprovaria reformas estruturais com profundidade e amplitude, que mexeriam com privilégios arraigados de grupos de interesses com força política, como os servidores públicos, como a da Previdência? Qual a real probabilidade de o Brasil entrar em um novo regime fiscal, controlando o crescimento dos gastos em um ritmo compatível com a expansão das despesas? A inflação cederia de forma consistente em direção à meta fixada pelo Banco Central, de 4,5%? Os juros reais cairiam, de fato, pela metade e permaneceriam nesse patamar por muitos anos?

Se a resposta fosse sim a todas as perguntas acima, provavelmente a bolsa de valores e outros ativos reais, como imóveis, resultariam em uma excelente oportunidade de rentabilidade no médio ou longo prazo. Afinal, os juros desempenham um papel fundamental no preço das ações. Juros em alta significam queda nos preços das ações e vice-versa. Se o Banco Central, de fato, reduzir agressivamente a taxa Selic, então a bolsa de valores brasileira poderá ganhar um enorme impulso. Uma empresa que está endividada e tem uma enorme despesa financeira por conta disso terá mais incentivo em vender suas ações – com um desconto generoso no preço – e arrecadar recursos para poder diminuir sua dívida para, por exemplo, se livrar das exorbitantes taxas cobradas pelo financiamento do capital de giro. Para o investidor, somente fará sentido comprar as ações se elas tiverem um desconto, para que sua rentabilidade compense o custo de oportunidade de abrir mão de uma aplicação atrelada à taxa de juros. Todavia, os juros não são a única variável que afeta o desempenho das ações no Brasil. O funcionamento do mercado, via regras de governança, e o intervencionismo do governo são outros fatores, como se viu antes. Sem falar na saúde geral da economia brasileira, que afeta o potencial de lucros das empresas.

Diante do pobre histórico do chamado presidencialismo de coalizão, o meu otimismo em relação à correção dos rumos no Brasil ainda é baixo. Nos últimos anos, o presidente da República foi obrigado a costurar uma ampla e fragmentada base de apoio parlamentar para conseguir aprovar medidas do interesse do governo no Congresso, o que sempre abriu espaço para concessões a partidos e líderes políticos em detrimento da condução de uma política econômica responsável. Em 2012, por exemplo, quando as projeções para o ano de 2016 de vários indicadores macroeconômicos entraram pela primeira vez na pesquisa Focus, do Banco Central, os analistas estimaram que o crescimento do PIB em 2016 ficaria acima de 4%, e a inflação encerraria o ano em 4,5% – mais distante da realidade, impossível. O PIB acabou recuando 3,6% em 2016, acumulando um tombo de 7,2%, se levada em conta a retração da economia em 2015, que o IBGE classificou como a pior recessão desde que a instituição começou a série histórica calculando o PIB, em 1948. Mas a inflação oficial encerrou o ano passado a 6,29%, depois de ter subido para 10,67% em 2015.

Isso sem falar nos desdobramentos da Operação Lava Jato, cujas investigações resultaram na maior turbulência política dos últimos dois anos. E se novos indiciamentos, prisões e acusações contidas em delações premiadas acabarem impedindo o avanço de reformas necessárias para o Brasil entrar em um novo regime fiscal? E se a reforma da Previdência for bastante diluída até a sua aprovação final no Congresso? E se essa aprovação for adiada por muito mais tempo do que os investidores esperam? E se a tempestade política causada pela Lava Jato acabar incitando os eleitores brasileiros a votar em um candidato populista nas eleições presidenciais de 2018, que promova um retrocesso no ajuste macroeconômico até aqui adotado pelo governo Michel Temer, como a PEC que fixa limite para o crescimento dos gastos públicos? Essas são apenas incertezas no cenário doméstico, isto é, sem levar em conta os riscos que pairam sobre a economia mundial.

O ponto é que, dadas as incertezas internas e externas, fica difícil apostar com algum grau de confiança que a inflação brasileira cederá para níveis próximos da meta fixada pelo Banco Central, de 4,25% em 2019, e 4% em 2020, de forma sustentada. E, por tabela, que os juros reais cairão pela metade, como muitos analistas esperam se o Brasil entrar em um novo regime fiscal. Como fazer uma aposta de longo prazo comprando ações de empresas negociadas na bolsa de valores se o histórico de crescimento sustentado da economia brasileira é fraco, na melhor das hipóteses? Como dificilmente terei mais 20 ou 30 anos de poupança no ritmo atual, o que me permitiria absorver potenciais choques de preços das ações em bolsa no futuro, como os que se observaram nos últimos anos, o horizonte à frente está permeado de tantas incertezas que não considero alocar uma parcela dos meus recursos no mercado acionário. Ainda não vejo a sociedade brasileira madura o suficiente para abrir mão de privilégios conquistados por grupos de interesses, como servidores públicos e aposentados, para entrar em um novo regime fiscal. Os avanços obtidos desde o Plano Real, como a Lei de Responsabilidade Fiscal, acabaram não se provando permanentes. A situação de calamidade financeira decretada por vários Estados brasileiros é uma prova disso. Na conjuntura de 2016, com enorme instabilidade política e dificuldade de implementação de um ajuste fiscal crível no longo prazo, a minha aposta é aplicar em títulos públicos de longo prazo atrelados à inflação, garantindo ainda um patamar elevado de juros reais. Porém, essa aposta está baseada na hipótese de que o governo brasileiro, seja ele qual for, sempre optará por não dar um calote na dívida pública interna, preferindo deixar a inflação disparar e corroer o valor dos seus títulos.

Assim, como as minhas opções de investimentos são bem mais limitadas do que as de alguém no começo da carreira profissional e com muito mais tempo para poupar e investir, minha escolha foi deixar a força do retorno composto dos juros brasileiros trabalharem por mim. As declarações de Albert Einstein que circulam na Internet são provavelmente falsas, mas há um fundo de verdade nelas que não pode ser ignorado: a força dos juros compostos. E, no Brasil, essa máxima foi mais verdadeira do que em quase todos os outros países do mundo.

REFERÊNCIAS BIBLIOGRÁFICAS

Skeptics Stack Exchange. *Did Einstein ever remark on compound interest?* Disponível em: **<http://skeptics.stackexchange.com/questions/25330/did-einstein-ever-remark-on-compound-interest>**

PRIOR, Anna. *Route to an $8 million portfolio started with frugal living.* The Wall Street Journal. Nova York. 19/03/2015. Disponível em: **<https://www.wsj.com/articles/route-to-an-8-million-portfolio-started-with-frugal-living-1426780320>**

AENLLE, Conrad. *Money in the bank for 98 years? She could have done better.* CBS News. 07/06/2011. Disponível em: **<http://www.cbsnews.com/news/money-in-the-bank-for-98-years-she-could-have-done-better/>**

ROTH, Allan. *Compound interest – the most powerful force in the universe?* CBS News. 07/06/2011. Disponível em: **<http://www.cbsnews.com/news/compound-interest-the-most-powerful-force-in-the-universe/>**

Berkshire Hathaway Inc. *Annual Report 2014.* Disponível em: **<http://www.berkshirehathaway.com/2014ar/2014ar.pdf>**

Fecomercio-RJ/Ipsos. *Caderneta de Poupança segue como investimento preferido do brasileiro, mas perde espaço para fundos de investimento.* Julho/2016.

Serviço de Proteção ao Crédito (SPC Brasil), Confederação Nacional de Dirigentes Lojistas (CNDL). *58% dos poupadores desconhecem as melhores taxas de retorno do mercado.* Janeiro/2017. Disponível em: **https://www.spcbrasil.org.br/imprensa/noticia/2482**

Tesouro Nacional. *Balanço do Tesouro Direto.* Janeiro 2017. Disponível em: **<http://www.stn.fazenda.gov.br/documents/10180/571088/Balan%C3%A7o+TD+-+Janeiro+17/5eeda006-36db-41c2-aca5-0101576c92e5>**

Ministério do Planejamento. *Evolução Recente da Carga Tributária Federal.* Novembro/2015. Disponível em: **http://www.planejamento.gov.br/secretarias/upload/arquivo/assec/evolucao-recente-da-carga-tributaria-federal-3.pdf**

Ministério da Fazenda. Secretaria de Política Econômica. *Relatório de Análise Econômica dos Gastos Públicos Federais.* Maio/2016. Disponível em: **http://www.fazenda.gov.br/centrais-de-conteudos/publicacoes/transparencia-fiscal/analise-economica-dos-gastos-publicos-federais/relatorio_gasto_publico_federal_site.pdf**

ALMEIDA, Mansueto. *Gestão Pública e Burocracia: Desafios para o Estado Brasileiro. Apresentação* feita no evento "Fóruns Estadão Brasil Competitivo". Setembro/2013. Disponível em: **http://www.estadao.com.br/brasilcompetitivo/Apresentacoes/20130925/mansueto.pdf**

BURGARELI, Rodrigo. *Taxa de adesão a Temer chega a 88% na Câmara.* O Estado de S. Paulo. 25/12/2016. Disponível em: **http://politica.estadao.com.br/ noticias/geral,taxa-de-adesao-a-temer-chega-a-88-na-camara,10000096545**

Banco Central do Brasil. *Focus – Relatório de Mercado.* Disponível em: **http://www.bcb.gov.br/pec/GCI/PORT/ readout/R20170224.pdf**

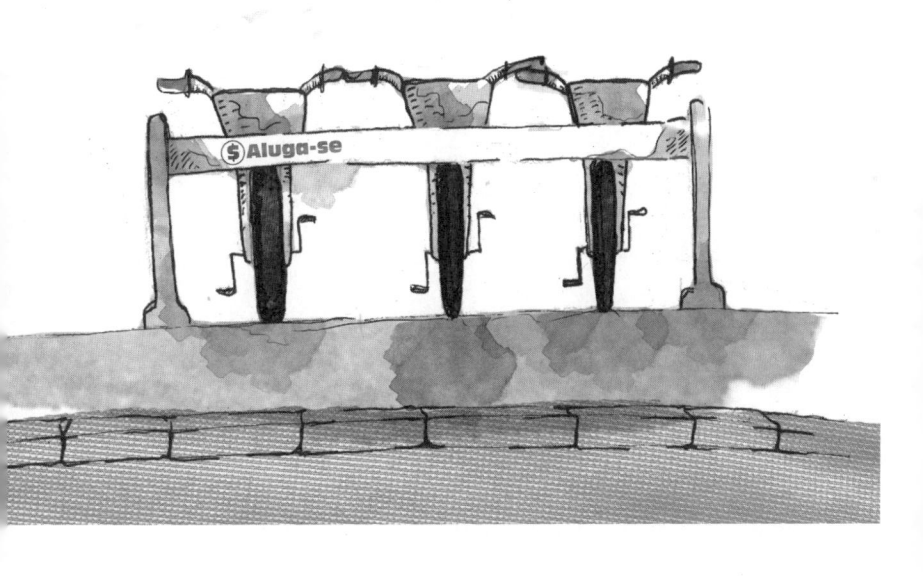

POR QUE COMPRAR SE EU POSSO ALUGAR?

CAPÍTULO 3

Atribuo tão somente à intervenção divina ter me poupado do que teria sido o pior erro financeiro de toda a minha vida: a compra da casa própria. Arrependimento de última hora ou não, o fato é que, se o proprietário do apartamento pelo qual eu havia feito uma proposta – e já tendo toda a papelada do contrato pronta para ser assinada – não tivesse desistido do negócio inesperadamente, eu seria hoje o infeliz dono de um imóvel que sugaria todas as minhas economias em uma reforma exorbitante, sem falar na obrigação financeira de um empréstimo imobiliário de 30 anos de duração, pagando juros salgados! Eu tanto intuía que estava para fechar um mau negócio que, quando o corretor imobiliário me telefonou para informar que o proprietário não assinaria o contrato no dia seguinte, como marcado, senti imediatamente um alívio, em vez da decepção de não ter fechado a compra do meu apartamento.

Mas por que insisti em um negócio que a minha intuição claramente dizia ser um problema, e não a resposta dos meus anseios? Talvez porque, no Brasil, ter a casa própria seja uma prática quase tão sagrada e venerada quanto um dogma da igreja católica. Quantos casais recém-casados, ou mesmo jovens solteiros, não são levados a comprar um imóvel, no qual, muitas vezes, não pretendem morar por mais de cinco ou dez anos, herdando um abacaxi financeiro? No meu caso, a pressão social era ainda maior porque, aos 47 anos, já havia passado da idade de ter a minha casa própria. E, graças a Deus, deu tudo errado com o negócio.

Ao longo de 2015, visitei nada menos que 70 apartamentos espalhados por bairros do centro e da zona oeste de São Paulo. Naquele ano, meus amigos e familiares repetiam uma cantilena sem fim: "Você precisa ter o seu cantinho!" A pressão era, além de finalmente ter a casa própria, como se espera de um adulto, garantir um financiamento imobiliário antes que os bancos fechassem de vez a torneira do crédito, como vinha acontecendo desde o início daquele ano. Ou, ainda, garantir o negócio enquanto eu ainda tinha um emprego com carteira assinada que permitisse a aprovação de um financiamento imobiliário.

Ao ceder a essa pressão, decidi que compraria um imóvel usado. Por algum motivo inexplicável, não me interessava comprar um apartamento novo, quer seja na planta ou prestes a ser entregue. O meu objetivo era comprar um apartamento com um tamanho entre 60 e 80 metros quadrados, preferencialmente com dois dormitórios e com uma vaga de garagem, apesar de eu não saber dirigir. Minha prioridade estava em áreas da cidade com um aparato urbano mais desenvolvido, ou seja, cercado por restaurantes, padarias, academias de ginástica e supermercados, além de acesso fácil ao transporte público, especialmente o metrô.

Ao longo de alguns meses, vi todo tipo de apartamento: reformado, caindo aos pedaços, com garagem, sem garagem, com varanda, sem varanda, mais amplos e antigos, mais novos e apertados. No meio dessa busca desenfreada, dentro de mim soava um alarme: não me sentia à vontade no papel de comprador, mas a pressão social para eu ter a casa própria falou mais alto e segui com inacreditável perseverança, gastando inúmeros fins de semana andando para cima e para baixo olhando imóveis. O alarme que soava tinha a ver com o fato de que, apesar de a economia brasileira já se encontrar em crise e a demanda por imóveis dar sinais de arrefecimento, os preços dos imóveis teimavam em permanecer nos patamares observados durante seu pico, o que alguns analistas chegaram a chamar de bolha imobiliária brasileira. É verdade que os especialistas do setor acreditam que não houve uma bolha, pois a alta forte verificada nos preços dos imóveis entre 2004 e 2014 foi, segundo eles, a correção de uma enorme defasagem nos valores de casas e apartamentos nas principais cidades brasileiras. Mas, como não existe uma série histórica muito longa sobre os preços dos imóveis residenciais no Brasil, a discussão sobre a tal bolha ficou na esfera do "achismo".

Segundo o Índice de Valores de Garantia de Imóveis Residenciais Financiados (IVG-R), calculado pelo Banco Central com base nos valores de avaliação bancária dos imóveis objetos de operações de crédito, o preço dos imóveis residenciais em 11 regiões metropolitanas subiu nada menos do que 442% entre março de 2001 (quando o BC começou a calcular o índice) e agosto de 2014 (quando esse índice atingiu seu pico). Todavia, de agosto de 2014 até julho de 2016 (quando os economistas ainda afirmavam que o Brasil se encontrava tecnicamente em recessão), os preços dos imóveis – com base no IVG-R – registraram uma queda de 18,5%. Obviamente que, ao ter como base apenas a avaliação dos bancos sobre os imóveis, e não o valor efetivo pelo qual o negócio foi fechado, esse percentual de valorização entre 2001 e 2014 serve apenas como uma referência do que pode ter acontecido com o mercado imobiliário. Do mesmo modo, quando os preços começaram a ceder, o IVG-R não levou em conta eventuais descontos dados pelos vendedores dos imóveis.

VALORIZAÇÃO DOS IMÓVEIS RESIDENCIAIS

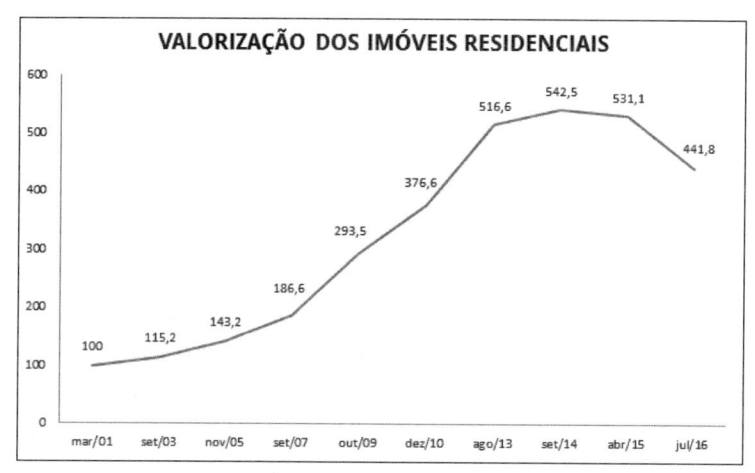

mar/01	set/03	nov/05	set/07	out/09	dez/10	ago/13	set/14	abr/15	jul/16
100	115,2	143,2	186,6	293,5	376,6	516,6	542,5	531,1	441,8

FONTE: Banco Central - Índice de Valores de Garantia de Imóveis Residenciais Financiados - IVG-R - Base - março de 2001 = 100

Mas querer comprar a casa própria quando a festa da valorização estava no finalzinho, sem devolver ainda qualquer gordura nos preços, não foi, na verdade, o único motivo para eu ter ficado com o pé atrás. O fato é que eu não estava absolutamente seguro de que passaria os próximos 30 anos — prazo do empréstimo junto ao banco que eu considerava em pedir — na mesma cidade ou, ainda, no mesmo apartamento. E se eu não quisesse me aposentar no imóvel que estava prestes a comprar aos 47 anos? E se dali a algum tempo uma oportunidade profissional me levasse a outra cidade ou a outro país, como já acontecera tantas vezes ao longo da minha vida? Eu correria o risco de perder muito dinheiro se quisesse vender o apartamento no meio do caminho para comprar outro em outro bairro, ou até mesmo em outra cidade, se, por acaso, a então fraqueza do mercado imobiliário se transformasse em anemia mais profunda. E qual seria o gasto, quiçá prejuízo, em termos de impostos e taxas, de comprar e vender um imóvel em poucos anos?

Seja como for, não obstante o desânimo que se abateu sobre os brasileiros em 2015, com o aumento do desemprego, alta da inflação e das taxas de juros, além da maior restrição ao crédito, boa parte dos donos de imóveis teimou em não baixar os preços pedidos por suas propriedades, nem se mostrou inclinado a negociar. Ao menos foi essa a minha avaliação após ter visitado aqueles 70 imóveis. Isso era ainda mais verdadeiro para os apartamentos com valores entre R$500 mil e R$1 milhão. Os imóveis nessa faixa de preço invariavelmente não valiam o que os proprietários exigiam receber: estavam velhos demais, necessitando de reformas custosas, ou eram pequenos demais para o preço pedido. Isso até em edifícios para lá de simples, muitos apenas com porteiros eletrônicos, sem piscinas nem vagas de garagem, e até sem elevadores. Havia, contudo, um denominador comum unindo os 70 apartamentos que visitei em 2015, independentemente do bairro: o preço pedido pelo metro quadrado era a partir de R$10 mil. Ou seja, parecia haver praticamente um acordo tácito e coletivo entre os proprietários de imóveis residenciais usados em São Paulo de que o metro quadrado em vários bairros da cidade tinha subido para um piso de R$10 mil. Como eles chegaram a esse valor mágico, ainda não descobri. Não havia, a meu ver, nenhuma razão para justificar esse valor mínimo, mas a esmagadora maioria dos apartamentos tinha um preço anunciado equivalente àquela quantia pelo metro quadrado, especialmente na faixa de tamanhos e de preços que eu estava procurando.

Cheguei à conclusão de que tal comportamento, irracional em um momento em que o Brasil já se encontrava em crise, somente podia ser explicado pela ilusão das pessoas de que a valorização dos imóveis residenciais registrada na última década representava, para os proprietários da classe média brasileira, um bilhete de loteria, como se estivessem de posse de um prêmio na Mega Sena, à espera de ser sacado a qualquer momento, desde que surgisse um indivíduo disposto a pagar pelo prêmio, ignorando qualquer racionalidade em termos da qualidade do apartamento, do edifício ou da região onde ele se encontrava. Além, obviamente, da crença de que aquela pausa nos preços sempre crescentes dos imóveis era apenas uma pausa, e que em breve a trajetória ascendente seria retomada. A classe média ouviu o termo "bolha imobiliária", mesmo contestado por especialistas, e decidiu que resolveria sua vida financeira com uma única tacada: vender seu imóvel por um preço muitíssimo além do valor justo. Afinal, isso foi possível durante os anos de bonança, quando o financiamento imobiliário chegava a cobrir 90% do valor do imóvel. Para que se preocupar com o valor justo se o crédito fácil permitia a compra, praticamente ignorando o preço do imóvel, e se a valorização acelerada e persistente que se observava dava a ilusão de que, dali a alguns anos, o negócio seria vantajoso e o comprador certamente recuperaria o dinheiro pago em juros? No meio da onda da forte valorização imobiliária no Brasil, nada parecia interromper o ciclo de alta nos preços, novos lançamentos de imóveis e crédito abundante.

Nos tempos de vacas gordas do mercado, os corretores de imóveis, por outro lado, fechavam os olhos para o perfil financeiro do comprador potencial, e o escrutínio dos bancos também não era o mais rigoroso. Conforme dados da Associação Brasileira das Incorporadoras Imobiliárias (Abrainc), os distratos (quando uma das partes desiste do negócio após a assinatura do contrato, seja pela falta de pagamento pelo comprador ou pela não entrega do imóvel por quem o ofereceu) aumentaram 20% no trimestre de outubro a dezembro de 2015 em comparação com igual período de 2014. Ainda segundo a Abrainc, as vendas de imóveis novos somaram quase 109 mil unidades em 2015, uma queda de 15,1% em relação a 2014, conforme dados relatados no levantamento da Abrainc por 20 empresas associadas em todo o país. A crise no setor já refletia a recessão da economia brasileira, com o aumento do desemprego, a queda na renda (agravada pela inflação em alta) e a erosão nos índices de confiança de empresários e consumidores.

Ao longo de 2015, os bancos mudaram de postura em relação à concessão de empréstimos imobiliários, tornando-se muito mais rígidos para liberar os financiamentos. Do outro lado, os corretores imobiliários aos poucos foram percebendo que era melhor ganhar alguma comissão com uma venda a valores mais baixos do que simplesmente deixar de vender, esforçando-se mais para convencer os proprietários a negociar descontos. No entanto, os donos de imóveis usados permaneceram irredutíveis em dar maiores descontos, apegando-se aos preços que exigiam. No mercado de imóveis novos, as construtoras e incorporadoras reduziram bastante os preços para desovar imóveis encalhados, conseguir fluxo de caixa e salvar os resultados financeiros. Mas, para os apartamentos usados, é como se os proprietários preferissem ficar cegos à crise, ignorar que os compradores estavam rareando e que estava levando muito mais tempo para conseguir fechar um negócio. Se, por acaso, eu argumentasse que o apartamento estava muito antigo, precisando de uma reforma mais ampla e profunda, e que, portanto, um desconto era necessário, o dono se apressava em dizer que eu estava pagando pela localização. Em um desses imóveis, colado a um shopping center, a proprietária pediu R$650 mil por um apartamento de 63 metros quadrados, cuja reforma exigiria a renovação das instalações elétricas e hidráulicas, o que elevaria consideravelmente o custo final da compra. Ela recusou qualquer contraproposta com um preço menor, alegando que, além da "excelente" localização do imóvel, o último apartamento vendido naquele prédio, havia quase um ano, tinha saído por R$600 mil. Ou seja, ela desconsiderou totalmente que as condições de mercado já não eram mais as mesmas e o horizonte para as vendas nos próximos meses era mais desalentador ainda. Em vão foram os meus argumentos. Ela não cedeu um centavo sequer do preço inicial pedido. Sorte minha, pois seria um péssimo negócio para mim. Mas, até então, eu estava cego pela pressão social de ter a casa própria.

Eram raros, de fato, os que não se apegavam à tal bolha imobiliária como se fosse um bilhete de loteria. E quando algum vendedor se mostrava aberto a dar um desconto, a redução ainda não era suficiente para trazer o valor do imóvel ao seu preço justo, levando-se em conta a necessidade de alguma reforma. Mas, como descontos eram incomuns, até um negócio ruim do ponto de vista financeiro – se fossem analisados apenas a qualidade do imóvel e o que a região onde ele se encontrava podia oferecer em termos de aparato urbano – acabava parecendo um achado aos olhos de um comprador. Foi o que me pareceu quando eu quase comprei um apartamento de 60 metros quadrados em um edifício de 35 anos de idade. O proprietário concordou em tirar 10% do valor inicial pedido, de R$600 mil. Deixei me levar pelo desconto e fechei o negócio, mesmo após uma avaliação preliminar de um arquiteto de que uma reforma naquele apartamento custaria entre R$70 mil e R$100 mil. E, dadas as condições do apartamento, sem armários embutidos, pisos danificados, fiação elétrica e instalação hidráulica necessitando de reparos, não seria possível comprá-lo e mudar para ele imediatamente. Muitas obras seriam necessárias para que ele estivesse em condições habitáveis. Onde, afinal, eu buscaria esse dinheiro adicional para pagar uma reforma mais profunda do imóvel? Nem cheguei a considerar esse custo adicional – o da reforma – para saber se a compra era viável ou não ao longo dos próximos anos, do ponto de vista financeiro. A pressão social para comprar a casa própria acabou turvando uma decisão racional a respeito do negócio que se apresentava como boa pechincha por causa do desconto, mas que, no final das contas, consumiria muito dinheiro após o fechamento do contrato e do financiamento com o banco. Se, além disso, eu levasse em conta o gasto extra em aluguel do lugar onde morava até que a reforma estivesse concluída, além dos desembolsos com condomínio e impostos, como o IPTU, o custo final do apartamento certamente o tornaria um negócio financeiramente desastroso para mim. Pior ainda: eu não havia me apaixonado pelo apartamento, aliás, longe disso, muito menos pelo velho edifício onde ele ficava, que parecia ter sido convertido de um projeto original para um hotel. E por que, então, decidi fazer uma proposta de compra e seguir adiante com a papelada, contratando um advogado e solicitando um financiamento em um banco privado? Em retrospecto, vejo hoje que foi a pressão social para que eu entrasse no clube dos donos da casa própria. Na realidade, entre os 70 apartamentos que visitei, aquele não estava no topo da lista dos meus favoritos. Por exclusão, ele não tinha grandes defeitos, e possuía como qualidade uma localização razoável, embora não fosse ainda a vizinhança dos meus sonhos na cidade de São Paulo. O desconto de 10%, baixando o preço de venda para R$540 mil, foi o gatilho que me levou a decidir por uma compra da qual eu provavelmente me arrependeria no futuro.

    De qualquer maneira, dei entrada na papelada exigida pelo banco para a análise do crédito imobiliário. Fiz a seguinte proposta financeira: um sinal de R$25 mil na assinatura do contrato, uma entrada de R$235 mil, outros

R$80 mil provenientes do meu FGTS e um financiamento de R$200 mil pelo banco ao longo de 360 meses a uma taxa de juros efetiva de 9,7% ao ano, mais a variação da TR. A gerente do banco enviou uma simulação das prestações com base no valor financiado, na taxa de juros efetiva, em uma TR estimada em 0,0241% ao mês e outros custos (como seguros e tarifas de administração do contrato) por meio do Sistema de Amortização Constante (SAC). A primeira parcela sairia por R$2.307,56, sendo que a prestação mensal na simulação seria ainda maior, uma vez que o banco não levou em conta a sua atualização pela TR. Do valor da prestação, eu pagaria, apenas de juros, a quantia de R$1.569,08. E essa parcela de juros é exatamente o que as pessoas pensam do aluguel: dinheiro jogado fora, que nunca fará parte do patrimônio da pessoa.

Para a minha sorte, o banco levou dois meses analisando a minha proposta e a documentação apresentada por mim e pelo proprietário do imóvel. Nesse período, o corretor imobiliário me fez inúmeras ligações telefônicas me pressionando a concordar em antecipar o pagamento do sinal para antes da assinatura do contrato. Não cedi à pressão. Talvez até porque o meu alarme interno estava cada vez mais estridente, alertando para um negócio desvantajoso. Concluí que, sem a garantia do empréstimo bancário, seria temeroso pagar antecipadamente qualquer parcela, pois, em caso negativo do financiamento, eu teria muito mais trabalho para reaver o dinheiro repassado ao proprietário. De fato, o banco levou muito mais tempo do que eu esperava para liberar o crédito. Talvez isso já fosse um reflexo dos tempos mais difíceis para a economia brasileira, que registrava um aumento da inadimplência dos devedores. Quis o destino que um dia antes de o gerente do banco me avisar que o financiamento havia sido finalmente aprovado, o proprietário do apartamento informou, pelo corretor, que havia desistido de vender o imóvel. Dessa vez, decidi escutar a minha voz interior, a minha intuição, o meu sexto sentido: em vez de me sentir frustrado e triste pela perda do apartamento, uma onda de alívio tomou conta de mim.

Acho que, no fundo, eu sabia que aquele não seria um bom negócio no médio e longo prazo, mas a pressão para ter a casa própria e a euforia por ter convencido o proprietário a baixar o preço em 10% acabaram por turvar a minha decisão – a razão deu lugar à precipitação, que acabaria por atar minhas mãos, financeiramente falando, por muito tempo. Como já estava prestes a completar 47 anos de idade, passar os próximos 30 anos pagando a prestação de um apartamento que seria completamente meu somente aos 77 anos de idade talvez não atendesse às minhas necessidades futuras como um idoso. Além disso, quem me garantiria que eu escolheria São Paulo como a cidade para me aposentar? Até lá, o edifício onde eu compraria o apartamento provavelmente exigiria um valor elevado de condomínio e outras taxas, para o que poderiam ser muitas e incessantes obras de manutenção comuns a prédios antigos. Sem contar que, mesmo após o desconto de 10%, o valor do imóvel ainda estaria muito acima do que eu consideraria seu preço justo. Além do mais, eu teria que me endividar adicionalmente para financiar a reforma que o apartamento exigiria antes de me mudar. Quanto, afinal, seria a minha dívida total para comprar e reformar esse imóvel? Essa era uma pergunta que eu somente conseguiria responder com segurança muito depois de assinado o contrato com o proprietário e o banco.

Ou seja, do ponto de vista financeiro, eu faria um negócio desvantajoso, pagando juros elevados sobre um valor muito próximo do pico do período de valorização de preços de imóveis. Levaria bem mais de uma década para quitar o financiamento e, ao seu fim, o apartamento seria considerado bastante antigo, provavelmente exigindo uma nova reforma. Qual a probabilidade de, aos 77 anos de idade e com uma aposentadoria provavelmente bem abaixo dos meus rendimentos enquanto trabalhador na ativa, eu conseguir arcar novamente com obrigações financeiras para custear novas obras no apartamento? E se até lá eu não conseguisse nem garantir uma aposentadoria suficiente para fazer frente a gastos com saúde, alimentação, transporte, entre outros? Obviamente, a decisão mais racional e fundamentada sobre a compra do apartamento teria de ser feita a priori, isto é, antes de me comprometer com uma obrigação financeira de 30 anos. Além das considerações com os desembolsos adicionais com a reforma, a compra do apartamento deveria ocorrer somente se, ao menos, eu tivesse me apaixonado a tal ponto pelo imóvel que me visse morando nele pelos próximos 30 anos, o que definitivamente não foi o caso.

Graças ao recuo do proprietário, desistindo da venda do apartamento praticamente na última hora, pude ponderar com calma, pela primeira vez desde que amigos e parentes começaram a repetir a ladainha da casa própria, sobre o que era mais importante àquela altura da minha vida, aos 47 anos. Se eu havia sobrevivido até então alugando imóveis, por que me apressar e me obrigar a comprar um apartamento quando as condições de mercado ainda desfavoreciam o comprador? Quem escreveu que a casa própria era um item obrigatório na vida das pessoas? E se eu decidisse alugar pelo resto da vida? E se eu optasse por alugar apartamentos enquanto estivesse participando do mercado de trabalho e, portanto, com renda para poupar e, quem sabe, comprar à vista quando tivesse bala na agulha para tanto? E se, do ponto de vista financeiro, alugar fizesse mais sentido do que pagar uma prestação de financiamento imobiliário? E se alugar representasse uma liberdade de ir e vir maior do que estar preso a uma obrigação financeira por 30 anos?

Obviamente, comprar um imóvel é uma decisão que vai além de considerações financeiras. Representa uma visão, uma filosofia de vida: ter a casa própria envolve decisões emocionais, afetivas e culturais, influenciadas também pelos traços de personalidade de cada um. Por que tantos jovens recém-casados se apressam para comprar a casa própria antes mesmo de terem noção se o imóvel atenderá a suas necessidades quando a família crescer? Ou ainda, sem terem ideia de quanto tempo pretendem morar no imóvel que querem comprar de imediato? A decisão pode até ter sido ponderada emocionalmente, mas quão sólida foi a análise financeira da compra, levando-se em conta as condições futuras do casal, incluindo possibilidades de mudanças profissionais, como realocação de cidades?

O fato é que os brasileiros têm um costume histórico de antecipar o consumo, quer seja de produtos e serviços de valores mais baixos, quer seja de bens que exigem um esforço financeiro mais elevado, como um carro ou uma casa. Essa antecipação vem desde empréstimos bancários, como o financiamento imobiliário, até pelo uso indiscriminado do cartão de crédito. Conforme uma pesquisa da Federação do Comércio de Bens, Serviços e Turismo do Estado de São Paulo (FecomercioSP), intitulada "Radiografia do Crédito e do Endividamento das Famílias Brasileiras", a parcela de famílias endividadas nas capitais brasileiras atingiu 62,25% em 2013: de um total de 15.114.978 famílias pesquisadas, 9.466.292 delas tinham algum tipo de dívida, sendo que 20,77% estavam com o pagamento em atraso. Em 2013, a dívida média por família era de R$1.610,73. No mesmo levantamento publicado em outubro de 2016, a parcela de famílias endividadas havia caído para 58,14%, mas as dívidas em atraso subiram para 23,46% do total. Entre as dívidas apuradas nesse levantamento, estão os financiamentos de imóveis e de veículos, além de dívidas com cartão de crédito, cheque especial, crédito consignado, carnês, entre outras. E as taxas de juros finais pagas pelas famílias nessas dívidas subiram de 42,7% para 54,1% ao ano. Essa taxa chega a ser surpreendente quando se há notícias de juros de até 475% ao ano no cartão de crédito rotativo, como aconteceu em agosto de 2016. Mas como a maior parcela das dívidas na pesquisa da FecomercioSP é de crédito consignado, cuja taxa é bem mais baixa, a média ponderada dos juros dos diversos tipos de dívida também fica menor do que as taxas abusivas de algumas modalidades.

Além disso, o endividamento das famílias calculado acima considera uma parte muito pequena dos financiamentos imobiliários. Não inclui as operações no âmbito do Sistema Financeiro da Habitação (SFH), dominadas praticamente pela Caixa Econômica Federal, e que representam a esmagadora maioria dos empréstimos imobiliários por utilizar recursos provenientes das cadernetas de poupança e do Fundo de Garantia do Tempo de Serviço (FGTS), com juros limitados a 12% ao ano. A pesquisa da FecomercioSP engloba apenas os chamados créditos livres, ou seja, os que os bancos privados negociam com recursos outros que os da poupança ou FGTS, portanto, com taxas de juros mais elevadas. Há especialistas que argumentam que os financiamentos imobiliários não deveriam constar na pesquisa sobre o endividamento das famílias, pois não deveriam ser considerados uma dívida, mas sim uma despesa corrente, a exemplo de como os aluguéis são contabilizados. Para esses especialistas, quem não tem casa própria é obrigado a pagar um aluguel, mas nem por isso essa despesa é contabilizada como dívida. Esse argumento, portanto, seria válido para os financiamentos imobiliários, o que afetaria o cálculo do endividamento das famílias.

Excluindo-se, portanto, os fatores emocionais, afetivos e culturais que sempre envolveram a compra da casa própria, o mais apropriado talvez fosse focar no dilema "comprar ou alugar" como uma comparação de duas despesas correntes, levando-se ainda em conta o chamado "custo de oportunidade", ou seja, o quanto a pessoa deixaria de ganhar em uma operação ou em um negócio ao escolher outra opção de investimento. Em outras palavras, se eu escolhesse fechar a compra do apartamento e me comprometesse com um financiamento de R$200 mil ao longo de 30 anos a uma taxa efetiva de juros de 9,70% ao ano, como na simulação feita pela gerente do meu banco para o pedido de empréstimo imobiliário, o que eu deixaria de ganhar se aplicasse no mercado financeiro o equivalente a R$260 mil, correspondendo ao valor do sinal (R$25 mil) e da entrada (R$235 mil), como havia proposto ao proprietário do apartamento que eu queria comprar? E se eu, ainda por cima, somasse aos R$260 mil um valor adicional de R$100 mil equivalente ao que eu poderia gastar em uma reforma do apartamento?

Em 2015, por exemplo, era perfeitamente possível comprar um título prefixado do Tesouro Nacional (LTN) a uma taxa de juros de, ao menos 12% ao ano com vencimento em 2021, ou seja, em um prazo de seis anos. Só para lembrar, essa é uma aplicação que se beneficia dos juros compostos, ou seja, juros sobre juros nos rendimentos do valor principal aplicado. Assim, se em vez de destinar os R$260 mil para a entrada no financiamento do banco e o sinal na assinatura do contrato com o vendedor do apartamento, eu tivesse comprado em 1 de janeiro de 2015 aquela LTN com vencimento em 1 de janeiro de 2021, receberia um total líquido de R$459.572,14 ao final do prazo. Esse valor já seria descontado da alíquota de 15% do Imposto de Renda e das taxas cobradas (0,3% pela BM&FBovespa e, eventualmente, 0,5% de uma corretora que atuasse como agente da operação). Ou seja, ao longo de seis anos de aplicação nesse título, eu teria recebido um rendimento de juros de R$199.572 após o desconto de impostos e taxas, o que corresponderia teoricamente a um rendimento de R$33.262 ao ano ou R$2.772 ao mês durante o período da aplicação. E se eu somasse aos R$260 mil a quantia estimada da reforma do apartamento, de R$100 mil, o valor futuro da aplicação naquela LTN seria um total líquido, livre de impostos e taxas, de R$636.330,66, dos quais R$276.330 corresponderiam aos juros pagos no período, o que resultaria em um rendimento mensal líquido de R$3.834. É preciso lembrar que o ganho mensal com a aplicação na LTN serve apenas como referência, porque o principal e o rendimento total de juros somente poderiam ser sacados com o vencimento do título, no caso, em 2021.

De qualquer modo, é fácil perceber que, mesmo sem adicionar um gasto potencial com a reforma do apartamento na quantia total aplicada em um título do Tesouro Nacional, beneficiando-me da força dos juros compostos, o rendimento mensal líquido de R$2.772 seria bem maior do que o valor de um aluguel de um apartamento em torno de 60 metros quadrados no bairro onde eu pretendia morar, ou ainda do apartamento que eu já alugava. Isso, levando-se em conta que os juros de 12% em títulos prefixados do Tesouro Direto ficaram longe das taxas máximas registradas em 2015, que chegaram a superar os 16% ao ano. Ou seja, com o ganho resultante da aplicação no mercado financeiro da quantia que eu estava disposto a dar de entrada e de sinal para fechar a compra do apartamento, poderia aumentar mais ainda as minhas reservas financeiras para, no futuro, se assim ainda fosse o meu desejo, conseguir dar uma entrada maior e diminuir a parcela financiada junto ao banco (portanto, pagando menos juros = dinheiro jogado fora), ou até conseguir comprar um imóvel à vista.

Outra forma de abordar a comparação entre a compra da casa própria e a aplicação do dinheiro no mercado financeiro é analisar se a valorização dos imóveis compensaria o esforço feito para pagar os juros, impostos e outras taxas embutidas em um financiamento imobiliário. Olhando o período do "boom imobiliário", quando as vendas e os preços dos lançamentos de imóveis pelas construtoras e incorporadoras dispararam, a compra do apartamento para o qual eu havia feito uma proposta teria sido uma escolha financeira inteligente. Isso se eu tivesse adquirido o imóvel antes da onda de valorização ter começado e o vendido – embolsando, portanto, um lucro, de fato, e não apenas uma estimativa de ganho no papel – enquanto houvesse demanda com os preços próximos ao seu pico.

Em outras palavras, se eu tivesse conseguido entrar e sair do mercado imobiliário no tempo certo, aproveitaria quase toda aquela valorização de 442% registrada pelo IVG-R, o índice apurado pelo Banco Central. Assim, a rentabilidade poderia compensar os custos envolvidos na compra e, posteriormente, na venda do imóvel, os juros pagos no financiamento e também os gastos desembolsados com a sua reforma. Além, obviamente, de resultar em uma rentabilidade – levando-se em conta todas as deduções com custos, taxas, impostos e reforma – melhor do que a aplicação no mercado financeiro.

Se, em março de 2001 (quando o Banco Central começou a calcular o IVG-R), eu tivesse comprado aquele apartamento nas mesmas condições, ou até menos vantajosas, isto é, sem o desconto de 10% no valor pedido pelo proprietário, muito provavelmente o negócio teria sido muito bom se eu o tivesse vendido no pico dos preços (conforme o IVG-R) em agosto de 2014, embolsando uma rentabilidade de 442%. No mesmo período, entre março de 2001 e agosto de 2014, o rendimento acumulado das cadernetas de poupança foi de 226,15%, enquanto o índice oficial de inflação para os consumidores – o IPCA – subiu 177,44%, ou seja, o ganho real dos imóveis (descontada a inflação) foi impressionante nesse período de vacas gordas para o mercado imobiliário. Por outro lado, quem aplicou no dólar como investimento registrou, no período acima, míseros ganhos de 3,62%, acumulados entre março de 2001 e agosto de 2014. E para quem decidiu deixar para aplicar o dinheiro na bolsa, o índice Bovespa acumulou, no mesmo período, uma valorização de 324,49%. Já a taxa Selic, que serve de parâmetro para o Certificado de Depósito Interbancário (CDI), que baliza aplicações de renda fixa, como os fundos DI e títulos privados como CDB, letras de crédito imobiliário (LCI) ou do agronegócio (LCA), acumulou, no período, uma variação de 464,58%. Ou seja, os imóveis perderam apenas para aplicações que conseguissem render 100% do CDI, algo mais comum a investidores com maiores quantias para investimento.

Mesmo que eu tivesse perdido o momento ideal de compra do apartamento, aproveitando o potencial de valorização dos imóveis desde o início, o negócio poderia ainda fazer sentido, do ponto de vista financeiro, se houvesse a continuidade da perspectiva de alta nos preços e da demanda aquecida por apartamentos e casas residenciais, isso é, se as condições macroeconômicas do Brasil seguissem dando sustentação à onda de valorização. Em outras palavras, se o mercado de trabalho seguisse robusto, com a criação acelerada de vagas de trabalho com carteira assinada; se a inflação permanecesse sob controle; se a renda dos trabalhadores continuasse a aumentar; se os consumidores seguissem otimistas com a situação presente e futura da economia brasileira; e, por fim, se os bancos públicos e privados não restringissem a liberação de crédito nem elevassem as taxas de juros para os financiamentos imobiliários. Mas não foi isso o que aconteceu com o Brasil em 2015 e 2016. Tanto que, do pico do IVG-R, em agosto de 2014 até julho de 2016, o índice recuou 18,5%. Ou seja, quem comprou um imóvel a um preço por volta do patamar máximo de valorização, viu o valor desse seu patrimônio diminuir. Em comparação a outros indicadores financeiros e econômicos, os imóveis não ficaram bem na fotografia. Entre agosto de 2014 e julho de 2016, o IPCA subiu 18,83%, ou seja, os imóveis residenciais tiveram uma perda real (isto é, descontada a inflação) significativa. Já a caderneta de poupança acumulou, no mesmo período, uma rentabilidade de 15,82%, enquanto o dólar registrou uma variação de 44,6%. Por outro lado, o Ibovespa perdeu 6,5% no acumulado do período. E a taxa Selic registrou uma variação de 26,76%. Embora o IVG-R tenha recuado desde o seu pico em agosto de 2014 até julho de 2016, não se pode dizer que os preços dos imóveis nunca mais vão se valorizar e que comprar um apartamento não volte a ser uma opção inteligente de investimento, como a história provou entre 2001 e 2014, especialmente se os juros reais caírem e deflagrarem uma nova corrida para ativos reais, como os imóveis residenciais.

Contudo, a retomada de uma tendência de alta consistente nos preços dos imóveis dependerá do que acontecerá com a economia brasileira. O emprego e a renda dos trabalhadores vão se recuperar em um ritmo robusto? Segundo dados do Instituto Brasileiro de Geografia e Estatística (IBGE), a taxa de desemprego bateu 12,6% no trimestre encerrado em janeiro de 2017, e o número de brasileiros desempregados atingiu o maior patamar da história: quase 13 milhões de pessoas. Com o mercado de trabalho ainda em crise, voltará o crédito imobiliário a ser concedido sem as restrições impostas pelos bancos recentemente? Os índices de confiança dos consumidores – prevendo uma melhora da atividade econômica e controle da inflação – melhoraram a partir do segundo semestre de 2016, mas essa recuperação será suficiente para aquecer a demanda por bens de maior valor, como imóveis e veículos? As taxas de juros cobradas dos consumidores finais cederão e permanecerão em níveis que estimulem a tomada de crédito? A resposta é sim para todas essas perguntas, na visão de muitos analistas e economistas do mercado financeiro, com base no avanço de medidas de ajuste fiscal de caráter estrutural, especialmente após aprovação da Proposta de Emenda Constitucional (PEC) que limita o crescimento dos gastos públicos à variação da inflação do ano anterior. Além disso, é fundamental a aprovação da reforma da Previdência, para controlar o deficit com o pagamento de aposentadorias e de outros benefícios, que é apontado como a causa dos juros elevados no Brasil nas últimas décadas.

Os gastos explosivos da União e dos governos estaduais e municipais, que cresceram a uma taxa muito maior do que a capacidade de arrecadação de impostos e taxas, especialmente em momentos de recessão, colocaram a dívida pública em uma trajetória insustentável, exigindo uma taxa de juros mais alta para compensar o risco tomado pelos investidores para financiar o deficit público. O caos financeiro nos estados, como o Rio de Janeiro e o Rio Grande do Sul, afetou seriamente serviços públicos essenciais, como a segurança e a saúde. Se o Brasil conseguir equacionar mais estrutural e permanentemente o crescimento do gasto público, os juros caem e, com isso, os investidores devem procurar opções de investimentos além da renda fixa, como os títulos do Tesouro Nacional, para conseguir maiores taxas de retorno para seus recursos. Os imóveis e outros ativos reais devem se beneficiar com uma possível migração dos recursos hoje estacionados em aplicações tradicionais da renda fixa, levando a uma nova onda de valorização de apartamentos e casas residenciais, embora muitos especialistas duvidem que uma eventual disparada futura dos preços de imóveis dificilmente se igualará a alta de 442%, como se observou entre janeiro de 2001 e agosto de 2014.

Mas há, obviamente, um risco grande nesse cenário otimista ainda sem resposta: quem será o presidente do Brasil em 2018 e que tipo de política econômica adotará? Uma condução da economia que controle a inflação e os gastos públicos certamente contribuirá para uma queda dos juros reais, alimentando a demanda por ativos reais e deflagrando uma nova onda de valorização imobiliária. Alguns analistas mais otimistas do mercado financeiro acreditam que se, de fato, o nível dos juros reais no Brasil, que chegaram a bater em 8% no auge da crise econômica e política de 2015, ceder para algo entre 3,5% e 4%, os preços dos imóveis residenciais podem conseguir registrar alta tão forte quanto a observada no "boom imobiliário" até 2014. Todavia, o próximo presidente da República, os parlamentares no Congresso e as autoridades econômicas terão que resolver o problema crônico do deficit fiscal do país, o que passa por enxugar estruturalmente os gastos públicos, afetando privilégios históricos de grupos específicos da sociedade brasileira. Assim, o otimismo em relação à trajetória da inflação, dos juros nominais e reais, do crescimento econômico sustentado e da confiança de consumidores e empresários – resultando em uma nova onda de valorização de ativos como os imóveis residenciais – passa pela seguinte questão: terá a sociedade brasileira amadurecido o suficiente para mexer em privilégios enraizados de segmentos da população, como os políticos e aposentados, para consolidar um Estado com uma gestão responsável das finanças públicas?

Deixando a análise macroeconômica de lado e mirando apenas as variáveis que afetam o mercado imobiliário, vale a pena ressaltar que outra maneira de se analisar o custo de oportunidade no dilema "comprar versus alugar" é ver o que aconteceu com o mercado de aluguel de imóveis residenciais desde que a economia brasileira entrou em recessão. Mais ainda: desde que as vendas de apartamentos e casas recuaram, aumentando a oferta de unidades disponíveis para locação a partir de 2015 e, em especial, a partir de 2016, o que contribuiu para aluguéis mais baratos. Após caírem 15,1% em 2015, em comparação a 2014, as vendas de imóveis novos acumularam queda de 11,3% de janeiro a agosto de 2016, em comparação com igual período de 2015, segundo dados da Abrainc. Já a pesquisa mensal de locação na cidade de São Paulo feita pelo Secovi-SP (Sindicado da Habitação de São Paulo) mostrou que, em abril de 2016, o valor dos aluguéis na capital paulista havia recuado 3,8% em 12 meses, enquanto o IGP-M – o índice de inflação que corrige os contratos de locação – havia subido 10,6% nos 12 meses encerrados em abril. Ou seja, em termos reais, a retração dos novos contratos de aluguéis foi bem mais profunda. Em setembro de 2016, o valor dos aluguéis ainda mostrava um recuo de 1,1% em 12 meses, enquanto o IGP-M havia registrado alta de 10,7%. Assim, mais do que nunca, 2016 trouxe mais vantagens do ponto de vista financeiro para quem quisesse alugar um apartamento ou uma casa do que pagar uma prestação de financiamento imobiliário a taxas de juros ainda salgadas e com base em valores pedidos pelos proprietários ainda próximos do pico de valorização. Mais do que isso: os donos de imóveis se mostravam muito mais propensos a negociar descontos no valor do aluguel do que aqueles que os ofertassem para a venda. Fazia mais sentido baixar o valor do aluguel e não ter que arcar com os custos de manter o imóvel vazio, como as taxas de condomínio e os impostos.

Desde que a compra do apartamento para o qual eu fizera uma proposta havia fracassado, mesmo após a liberação do empréstimo junto ao banco, tomei uma decisão: alugar seria a minha opção por um prazo indefinido. Aliás, até eu conseguir equacionar financeiramente de forma mais clara a poupança para a minha aposentadoria, o que poderia levar mais de uma década. Ou seja, descartei comprar um imóvel como parte da minha vida financeira futura, ao menos enquanto eu estivesse no mercado de trabalho e não tivesse maior clareza sobre em qual cidade (ou país) eu me aposentaria. Nesse sentido, o meu próximo passo foi avaliar como eu poderia conseguir reduzir os custos do aluguel como parcela das minhas despesas totais, abrindo espaço para poupar e investir mais. Afinal, o momento era favorável aos inquilinos. Com o Brasil em recessão e com as vendas de imóveis novos e usados em queda, o momento era propício para renegociar o meu aluguel com o proprietário do apartamento onde eu morava, no bairro paulistano da Vila Madalena. Era um apartamento de dois quartos com 60 metros quadrados. Em dezembro de 2015, quando o aluguel seria reajustado pelo IGP-M, de 10,5%, conforme a taxa acumulada em 12 meses, o que elevaria o valor de R$2.231 para R$2.465, pedi ao proprietário um desconto – na forma de uma bonificação explicitada no boleto de pagamento – que reduzisse o aluguel para R$2.000 até o vencimento do contrato, previsto para junho de 2016. O proprietário concordou e me concedeu esse desconto, de 18,9%.

Quatro meses antes do contrato de aluguel vencer, o proprietário me informou que colocaria o apartamento à venda. No mesmo edifício onde eu morava, havia disponíveis para locação três imóveis, entre os quais, o mais barato pedia um aluguel de R$2.600. Era um apartamento recém comprado, por R$600 mil, com o único objetivo de locação para gerar uma renda para a nova proprietária. A negociação foi inesperadamente breve: ela concordou em reduzir o valor do novo aluguel de R$2.600 para R$2.000. Portanto, graças às condições favoráveis aos inquilinos em 2016, consegui congelar o valor do meu aluguel em R$2.000 de dezembro de 2015 até julho de 2017, data prevista para incidir um novo reajuste pelo IGP-M. Esse índice de preços no atacado foi afetado em 2015 pela maior pressão da variação do dólar, uma vez que várias matérias-primas e outros produtos têm seus preços cotados na moeda americana. Em 2015, em razão da turbulência política e econômica no segundo mandato da ex-presidente Dilma Rousseff, o dólar subiu 48,9% em relação ao real, encerrando o ano a R$3,9601, contribuindo para a alta de 10,54% do IGP-M. Em 2016, o índice subiu 7,17%. E, para 2017, os analistas ouvidos no fim de julho na pesquisa semanal Focus, realizada pelo Banco Central, projetavam uma deflação (recuo) desse índice em 0,59%. Para 2018, a expectativa era para uma inflação medida pelo IGP-M de 4,5%. Além disso, os analistas projetavam um dólar a R$3,30 no fim de 2017 e a R$3,43 no fim de 2018. Ou seja, o novo valor do meu aluguel, com o desconto negociado, provavelmente passaria a ser corrigido em 2017 e em 2018 por um índice de inflação bem mais baixo do que o registrado nos dois anos anteriores, auxiliado por uma menor pressão do dólar sobre insumos importados.

Outra forma de avaliar a vantagem financeira de ter decidido alugar e não comprar a casa própria é ver a relação entre o preço do imóvel e o valor do aluguel. Os cálculos sobre a rentabilidade do aluguel para os proprietários variaram ao longo dos anos, dependendo do ciclo da economia e do mercado imobiliário, desde um percentual de 0,5% até 1% do valor do imóvel ao mês. Muitos especialistas, no entanto, concordam que um valor de 0,5% ao mês seja uma referência razoável para calcular essa rentabilidade. Assim, se o apartamento que eu alugara tinha sido comprado recentemente por R$600 mil, a proprietária poderia cobrar um valor de aluguel de R$3.000 (0,5% ao mês) se quisesse manter a rentabilidade média para a locação. Portanto, ao concordar em reduzir o aluguel de R$2.600 para R$2.000, a proprietária teve sua rentabilidade reduzida para 0,33% ao mês. Porém, em um cenário de recessão e excesso de imóveis residenciais para locação, aceitar um valor menor para o aluguel ainda é mais vantajoso para os proprietários do que deixar o apartamento vazio e ter de arcar com condomínio e impostos.

Do meu ponto de vista, se em 2015 eu tivesse aplicado os R$260 mil (referentes ao sinal dado ao vendedor do apartamento na hora da assinatura do contrato e à entrada do financiamento imobiliário) em um fundo de renda fixa simples (como são descritos pela Associação Brasileira de Entidades dos Mercados Financeiros e de Capitais – Anbima) em vez de destinar esse dinheiro à operação de crédito na compra do apartamento, a vantagem seria também significativa. Esses fundos registraram, em 2015, um rendimento médio – segundo dados da Anbima – de 13,96%. Isso teria resultado em um rendimento bruto de quase R$36 mil no ano de 2015, ou em torno de R$3.000 ao mês. É bom lembrar que é preciso descontar desse rendimento o Imposto de Renda e a taxa de administração cobrada pelas empresas que geram os fundos de investimentos. Ou seja, mesmo que em um fundo de renda fixa simples, seria mais vantajoso aplicar no mercado financeiro a parcela de R$260 mil do que pagar uma prestação do financiamento imobiliário, que ficaria em R$2.300, conforme a simulação feita pelo banco. Nessa comparação, seria preciso levar em conta os custos da reforma do apartamento, sem a qual o imóvel não estaria em condições habitáveis. Diante desses cálculos, a negociação de um aluguel mais barato tornou o argumento em favor da locação ainda mais forte, uma vez que o valor do aluguel que eu consegui negociar, R$2.000, abriu um espaço maior no meu orçamento para poupar e investir. Aplicar no mercado financeiro o dinheiro do sinal e da entrada do apartamento não teria sido uma boa opção se, em 2015, eu tivesse investido na Bolsa de Valores, pois o seu principal índice (o Ibovespa) registrou uma queda de 13,31% naquele ano, embora em 2016 o principal índice do mercado acionário brasileiro tenha registrado alta de quase 39%. Também não seria vantajoso se o dinheiro tivesse ficado estacionado na caderneta de poupança, cuja rentabilidade, em 2015, foi de 8,1%, ou um rendimento de apenas R$21.060 naquele ano, ou R$1.755 ao mês.

É verdade que não se pode generalizar a conclusão de que alugar sempre faz mais sentido do que comprar a casa própria. No meu caso, os números provaram que sim. Ao menos em 2015, quando eu estive prestes a fechar o negócio e obter um empréstimo bancário. Naquele ano, a taxa básica de juros da economia brasileira – a taxa Selic – em 14,25% ao ano, somada a um prêmio de risco cobrado pelos investidores para seguir comprando os títulos do Tesouro Nacional, diante da turbulência política e econômica do país, tornava bem mais vantajoso aplicar o dinheiro no mercado financeiro do que pagar juros de financiamento imobiliário em cima dos valores de imóveis ainda inflados pela recente onda de valorização de casas e apartamentos residenciais. O cerne da questão é que a esmagadora maioria dos brasileiros, em particular jovens recém-casados e solteiros, é levada a comprar a casa própria sem fazer os cálculos friamente e analisar se essa é a escolha financeira mais inteligente naquele momento de suas vidas. A pressão de familiares e amigos me levou a buscar freneticamente um apartamento para comprar, e essa busca quase me custou muito dinheiro jogado fora (pagando juros de financiamento imobiliário e de um provável empréstimo para custear uma reforma) em um negócio que me deixaria nas mãos um imóvel que estava longe de ser o dos meus sonhos, tampouco a localização era a que eu almejava passar a última fase da minha vida.

Comprar a casa própria deveria fazer parte de um conjunto mais amplo, estratégico e de longo prazo da nossa vida financeira, incluindo a poupança para a aposentadoria. Por questões até culturais, o brasileiro é imediatista e prefere antecipar o consumo. Ao entrar em um financiamento imobiliário, comprando a casa própria, dando um valor muito pequeno de entrada e pagando juros elevados sobre um saldo grande, a pessoa poderá ter um falso conforto de que já resolveu esse problema em sua vida, mesmo que, tecnicamente, o imóvel ainda seja do banco enquanto o empréstimo não for quitado integralmente. Sem contar que, quanto menor for a entrada, maior poderá ser o pagamento de juros ao longo do financiamento. E o mesmo raciocínio que muita gente usa para descartar o aluguel – "dinheiro jogado fora" – também pode ser feito em relação ao pagamento dos juros de um financiamento imobiliário, uma vez que, ao contrário da amortização do principal, o dinheiro gasto com juros para o banco não volta mais. Se essa decisão ocorrer muito cedo na vida de um casal ou de um jovem solteiro, quem garante que não ocorrerá um arrependimento poucos anos à frente, levando a custos financeiros maiores (com o pagamento de impostos e taxas, por exemplo), caso a pessoa ou o casal decida se desfazer do imóvel, quer seja por mudanças profissionais ou de vida, como a chegada de um filho?

Quando o proprietário do apartamento que eu compraria desistiu do negócio na última hora, decidi, ainda sentindo uma onda de alívio pelo "fracasso" da operação, que eu trataria a questão "moradia" como qualquer outra despesa corrente e analisaria o dilema "comprar ou alugar" no âmbito de uma gestão financeira mais ampla da minha vida. Primeiro, analisaria o que fazia mais sentido financeiramente: comprar ou alugar. Segundo, como encaixaria a questão "moradia" nos meus objetivos de mais longo prazo, o que, aos então 47 anos de idade, envolviam unicamente o problema da aposentadoria. O quanto gostaria de receber ao me aposentar? Com que idade eu poderia me aposentar (mesmo que o governo aprovasse no Congresso Nacional a idade mínima de aposentadoria, aos 65 anos, e a elevação do tempo mínimo de contribuição ao INSS para a pessoa ter direito ao benefício)? Onde eu gostaria de viver como aposentado? Em uma casa própria ou alugada? Em uma comunidade planejada para idosos? Como me prepararia para financiar esse projeto? Diante de tantas questões difíceis de responder de antemão em um país tão instável politicamente, e onde as regras do jogo mudam com muita facilidade, percebi que a decisão seria ter, a priori, um controle razoavelmente confortável sobre o que poderia acontecer financeiramente comigo daqui a 20 ou 30 anos. O que está sob meu controle é o que eu faço com o meu dinheiro neste momento, tomando decisões mais estratégicas e financeiramente mais vantajosas no presente que possam gerar resultados mais eficientes para os meus objetivos futuros.

Assim, ao decidir alugar um apartamento e estacionar a minha poupança em aplicações de prazo muito longo, eu conscientemente descartei a opção de me apaixonar por um imóvel e me deixar levar por um negócio que, sem fazer sentido financeiro, poderia ser um apelo ou um conforto ao lado afetivo e emocional. Afinal, esse é um dos aspectos mais importantes na compra da casa própria: estar feliz no lar, no ninho, que é seu. Criar raízes. E nem sempre se consegue sentir isso quando se vive de aluguel. Por outro lado, transferi para o futuro – mais especificamente, para após a minha aposentadoria – esse sentimento de conforto emocional que eu teoricamente teria ao comprar a casa própria, via financiamento imobiliário. Isto é: ao aumentar minha capacidade de poupança e investimento, optando por uma escolha pelo aluguel, financeiramente mais lógica, eu poderia planejar com mais conforto o meu futuro, quando já não participasse mais do mercado de trabalho e quando minha capacidade de gerar receitas fosse muito mais limitada do que é hoje. A experiência da minha busca pela casa própria em 2015, visitando 70 apartamentos, foi válida no sentido de me dar segurança ao optar por viver de aluguel por um prazo indefinido na minha vida. Ao menos, não senti que estava abrindo mão da casa ou do apartamento dos meus sonhos, mas criando as condições financeiras no presente para viver da melhor forma um futuro que, de repente, baterá à minha porta.

REFERÊNCIAS BIBLIOGRÁFICAS

BONATELLI NETO, Circe Alfredo. *Mercado imobiliário residencial. O ciclo de desenvolvimento entre 2004 e 2014*. Monografia apresentada no curso de pós-graduação "Informações Econômico-Financeiras e Mercado de Capitais para Jornalistas" (2015).

Banco Central do Brasil. *Série histórica do IVG-R*. Disponível em: **https://www3.bcb.gov.br/sgspub/localizarseries/localizarSeries.do?method=prepararTelaLocalizarSeries**

Associação Brasileira de Incorporadoras Imobiliárias (ABRAINC). *Indicadores ABRAINC-Fipe*. Disponível em: **<http://abrainc.org.br/wp-content/uploads/2016/02/Release-Abrainc_201602.pdf>**

FecomercioSP. *Radiografia do Crédito e do Endividamento das Famílias Brasileiras*. Outubro/2016. Disponível em: **<http://www.fecomercio.com.br/noticia/proporcao-de-familias-endividadas-cai-para-58-em-2016-aponta-radiografia-do-credito-e-do-endividamento-das-familias-brasileiras>**

Associação Brasileira de Entidades dos Mercados Financeiros e de Capitais – Anbima. *Boletim de Fundos de Investimentos*. Dezembro/2015. Disponível em **<http://www.anbima.com.br/data/files/19/C0/38/FB/D09575106582A275862C16A8/BoletimFI_201601_1_.pdf>**

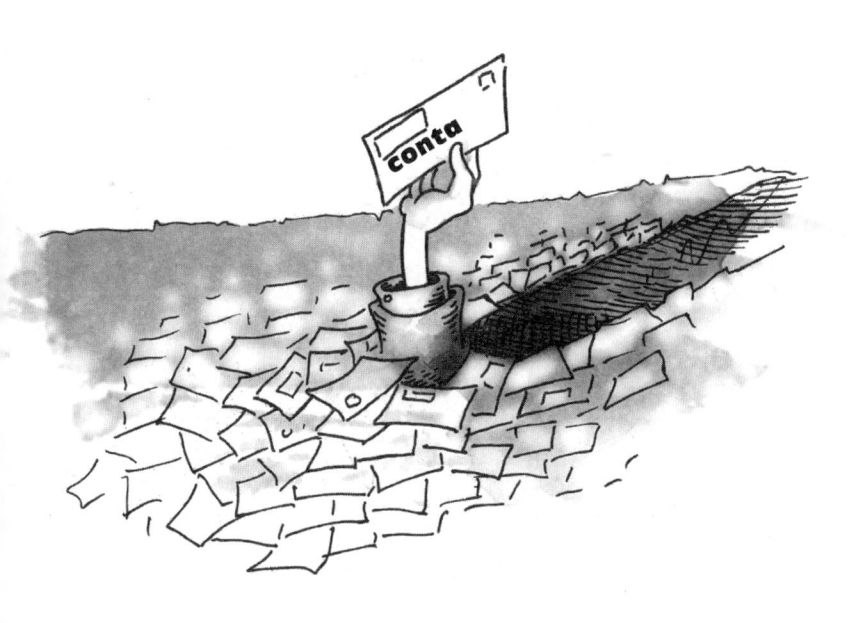

O PRIMEIRO PASSO PARA ARRUMAR A BAGUNÇA

CAPÍTULO 4

Diz o ditado que a ignorância é uma benção. Mas isso está longe de ser verdade quando se trata da sua vida financeira. Pessoas consideradas analfabetas financeiras estão mais propensas a se endividar, a não conseguir pagar as dívidas em dia e a não conseguir poupar dinheiro o suficiente para a aposentadoria. Segundo uma pesquisa feita pela agência de classificação de risco Standard & Poor's (S&P), em colaboração com o Banco Mundial, a Universidade George Washington e o instituto de pesquisa Gallup, consumidores que não dominam o conceito de juros compostos, por exemplo, estão mais vulneráveis a pagar comissões mais elevadas e também juros mais altos nas operações de crédito, além de acumular débitos maiores.

A Pesquisa Global de Educação Financeira (*Global Financial Literacy Survey*) foi realizada em 2014 com cerca de 150 mil pessoas, com idade a partir de 15 anos, em mais de 140 países. Foram feitas cinco perguntas em quatro áreas cruciais do conhecimento financeiro: aritmética básica, juros compostos, inflação e diversificação de riscos. Para não ser considerado analfabeto financeiro, o entrevistado precisava acertar as respostas de perguntas de pelo menos três dos quatro conceitos acima. O resultado foi desanimador: apenas 33% dos pesquisados no mundo acertaram as repostas em três dos quatro conceitos testados, o que significa dizer que dois em cada três adultos no mundo, ou 3,5 bilhões de pessoas, são considerados analfabetos financeiros.

No Brasil, 35% dos entrevistados mostraram o conhecimento financeiro necessário. Nos países desenvolvidos, a média dos alfabetizados financeiros ficou em 55% dos adultos, com esse percentual atingindo 68% em países como Canadá e 71% na Dinamarca e na Noruega. Na média mundial, a proporção de mulheres analfabetas financeiras (35%) é maior do que a de homens (30%), assim como os que dominam os conceitos básicos da educação financeira estão na parcela mais rica da população. Mesmo nos países emergentes, são considerados alfabetizados financeiros 31% dos que se encontram entre os 60% mais ricos da população, em comparação com apenas 23% da parcela dos 40% mais pobres. Nos países mais desenvolvidos, somam 52% da parcela dos 60% mais ricos considerados como alfabetizados financeiros. Outra conclusão interessante da pesquisa mostra que aqueles com acesso a contas bancárias e a serviços financeiros, como cartão de crédito, têm maior domínio dos conceitos básicos de educação financeira do que os que estão completamente à margem do sistema bancário e de crédito. Na média mundial, 38% dos adultos com conta bancária têm o domínio adequado dos conceitos financeiros básicos, ou seja, acertaram as respostas de três daquelas quatro áreas testadas na pesquisa.

O que mais me chamou a atenção nos resultados dessa pesquisa foi o fato de que acertei todas as cinco perguntas nas quatro áreas cruciais do conhecimento financeiro. Portanto, eu me encaixaria no grupo da população mundial considerado como alfabetizado financeiro. Mais ainda: como a minha carreira jornalística foi toda direcionada a temas econômicos e do mercado financeiro, o meu conhecimento poderia ser considerado acima da média até mesmo para a parcela da população mundial com maior nível de escolaridade. Todavia, sempre me comportei como um analfabeto financeiro, como atesta o fato de eu ter voltado ao Brasil, após morar dez anos em Nova York, com uma dívida de US$25 mil no meu cartão de crédito americano. Não seria incompatível com o meu grau de conhecimento financeiro o comportamento que sempre tive em relação ao uso do cartão de crédito, ao consumo de bens e serviços, ao relacionamento com bancos (ao manter várias contas pagando salgadas tarifas bancárias) e à postura quanto à poupança para a aposentadoria e aos investimentos?

Talvez isso possa ser explicado pela juventude, ou seja, não me ocorria aos 20 anos, ou até ao longo dos meus 30 anos, ser previdente, pensar no meu futuro financeiro, organizar minhas finanças, controlar os gastos, planejar os meus investimentos. A gratificação imediata dos meus desejos, sonhos e ambições concentrou o foco da minha atenção por muito tempo. Um exemplo disso pode ser o fato de deixar de contribuir para a Previdência Social individualmente, como autônomo, durante todos os anos em que morei fora do Brasil. Ao deixar de contribuir para o INSS por 12 anos da minha vida economicamente ativa, o resultado seria o adiamento da minha aposentadoria por muito mais tempo que eu gostaria, algo que nunca havia pensado a respeito.

Outra razão que pode explicar o meu comportamento incompatível com alguém considerado alfabetizado financeiramente é cultural. O hábito de poupar para o futuro é bem menos arraigado na sociedade brasileira do que em países desenvolvidos. O brasileiro sempre mostrou uma predileção por antecipar o consumo de bens e serviços, desde a compra de um eletrodoméstico até a aquisição da casa própria. Além disso, anos e anos de inflação elevada – e de hiperinflação em determinados períodos da história econômica do país – tirou, em grande parte, a capacidade do brasileiro de pensar no longo prazo em termos de investimento. E por longo prazo, eu digo, no mínimo, dez anos. Com tantos períodos de turbulência econômica, o brasileiro desenvolveu uma atitude defensiva e um senso mais agudo de se proteger, quer seja da disparada da inflação, quer seja do intervencionismo governamental, como o confisco dos recursos depositados nas cadernetas de poupança pelo governo Fernando Collor, em 1990. Como o brasileiro poderia criar o hábito de poupar e investir em uma aplicação financeira de 20 anos de prazo se ele não tinha certeza se o dinheiro estaria na sua conta no dia seguinte, ou se a inflação poderia disparar novamente e corroer o poder de compra dos seus investimentos?

De qualquer forma, sem um conhecimento básico mínimo – como juros compostos e inflação –, é improvável que aconteça uma mudança de atitude em relação ao consumo, à poupança e ao investimento. Ser alfabetizado financeiro é a plataforma que permitirá uma reviravolta na situação financeira, se assim a pessoa tiver disposição para mudar. Mas, sem acesso à educação financeira, dificilmente a pessoa conseguirá rever seus hábitos e traçar uma estratégia de longo prazo para metas no futuro, como a compra de uma casa ou a formação de um patrimônio necessário para financiar as necessidades de despesas nos anos de aposentadoria.

Se, de um lado, muitos especialistas consideram a educação financeira como a principal arma para se evitar a armadilha do endividamento excessivo, e até da insolvência, de outro, o conhecimento dos conceitos fundamentais sobre juros, inflação e diversificação de risco é visto como o passaporte para a independência financeira no futuro. Mas a educação financeira é apenas o primeiro passo para se atingir um objetivo de vida, quer seja a compra da casa própria – se essa for a estratégia para a formação do patrimônio –, quer seja a poupança para a aposentadoria. Outro passo crucial é a organização das finanças da família.

Nesse sentido, aprender a controlar o orçamento pessoal ou familiar faz uma enorme diferença. E foi a partir desse controle dos gastos e das receitas mensais que surgiram vários casos de pessoas que atingiram a meta de se tornarem milionárias. Aliás, esse foi o instrumento para elas conseguirem se aposentar muito antes da idade mínima observada em seus países de origem.

A imprensa dos Estados Unidos e do Canadá tem uma fascinação por contar histórias de pessoas que começaram praticamente do nada, juntaram uma pequena fortuna e se aposentaram cedo – ou pararam de trabalhar até em uma idade comum para aposentados daqueles países, mas com grana suficiente para aproveitar uma vida plena de viagens e mordomias. Na maioria dos casos, os jornalistas se concentram em detalhar como a pessoa investiu, onde e por quanto tempo. Também são ressaltadas a perseverança e a determinação em poupar e investir a renda extra. Muitos ganharam dinheiro investindo em ações de empresas negociadas em bolsa de valores e passaram a viver dos dividendos pagos por essas ações. Outros começaram a poupar desde o primeiro emprego – e até muito antes, guardando parte da mesada recebida dos pais. Além da vocação nata para poupar, essas pessoas tinham em comum um ponto de partida relevante no processo de acumulação de um patrimônio: elas, sem exceção, fizeram o primeiro dever de casa, que é o de conhecer os seus gastos e hábitos de consumo nos mínimos detalhes. A organização das finanças da família ou do indivíduo é a base para que qualquer empreitada de acumulação de patrimônio seja bem-sucedida no longo prazo. E, além da estratégia de investimento certeira e bem-sucedida, o que mais me interessa nessas histórias é como essas pessoas conseguiram organizar o orçamento, controlar os gastos e maximizar as fontes de renda.

Quantas pessoas sabem exatamente onde cada centavo ganho está sendo gasto dia após dia? Por quase toda a minha vida, eu jamais tive ideia do quanto entrava e saía do meu bolso. Se registrássemos todos os nossos gastos, inclusive esmolas no meio da rua, poderíamos identificar excessos e desperdícios. Não faz muito tempo, eu costumava tomar seis cafés expressos por dia, gastando, em média, entre R$5,50 e R$6,50 por café. Isso era, obviamente, muito mais do que um hábito. Era praticamente um vício. Ao ter noção do quanto eu gastava por dia com cafés expressos, decidi fazer um pacto comigo: reduziria inicialmente para três. Para quem tem chuveiro elétrico, por que não observar quanto tempo leva para tomar banho e, talvez, impor um limite de tempo, se isso for excessivo e desnecessário? Esses são alguns dos inúmeros exemplos de desperdícios ou gastos que não são absolutamente inevitáveis, que poderíamos identificar no dia a dia se tivéssemos o costume de registrar para onde vai o dinheiro cada vez que abrimos a carteira, sacamos o cartão de crédito ou de débito e escrevemos um cheque. A organização do nosso orçamento familiar deveria ser algo passado de pai para filho, ensinado nas escolas e assimilado como uma obrigação, da mesma forma que é escovar os dentes após cada refeição. Qualquer profissional bem-sucedido na sua carreira tem a organização como uma das qualidades. Um chefe de cozinha dificilmente começará a preparar os pratos sem saber onde estão os ingredientes e utensílios necessários para isso. A cozinha tem de estar não somente limpa, mas impecavelmente organizada. Meu dentista, por exemplo, checa meticulosamente, antes de começar qualquer procedimento, se está tudo em ordem com todos os instrumentos e outras coisas das quais for precisar para o tratamento. Por que, então, temos uma atitude tão desleixada com o nosso dinheiro?

Ser organizado em relação ao que gastamos todos os dias – nos mínimos detalhes, nas compras mais modestas, nos menores desembolsos – não significa necessariamente avareza, que vamos nos tornar mesquinhos ou mão de vaca compulsivos. Tampouco que passaremos obrigatoriamente a nos privar de coisas essenciais. Eu realmente precisava tomar seis cafés expressos todos os dias? Isso era essencial para mim? Estava me fazendo bem? Por que não reduzir esse consumo pela metade? Para falar a verdade, havia um desconforto meu em saber exatamente onde estava gastando meu dinheiro nos mínimos detalhes. No fundo, passei muito tempo com a noção de que desperdiçava dinheiro em hábitos de consumo desnecessários, mas que, de alguma forma, me compensavam por frustrações, pela ansiedade do dia a dia, ou simplesmente pela falta de limites que eu não conseguia me impor em relação a costumes aquém do que se poderia considerar saudável, como beber café demasiadamente. Portanto, relutei por muito tempo em organizar minhas finanças: o quanto gastava com táxis diariamente, o quanto comprava livros que eu dificilmente teria tempo para ler, o quanto jogava comida fora por ter levado uma quantidade exagerada na hora de fazer supermercado. Tudo isso era impor limites a impulsos. E, por muito tempo, eu não estava preparado para lidar com as pequenas coisas, os pequenos gastos, os trocados no bolso, que, somando tudo, resultavam em uma grande diferença na conta corrente ao fim do mês.

De fato, foi mais fácil lidar com os problemas financeiros mais complexos ou maiores, como o meu hábito de fazer viagens caras, hospedando-me em hotéis cinco estrelas, viajando em períodos de alta temporada, como eu costumava fazer quando morava em Nova York. Nesse caso, passei a planejar melhor e com mais antecedência minhas viagens, sem comprometer tanto o conforto. Obviamente, hotéis cinco estrelas deixaram de ser uma opção. Não que eu tenha abandonado minhas viagens, mas reduzi a frequência, passei a pesquisar hotéis mais em conta, porém de qualidade, e busquei comprar bilhetes aéreos em promoções. Nada disso tirou o prazer da viagem. E eu fiquei mais feliz ao saber que, na volta, não haveria de sofrer remorsos por ter gasto exageradamente com as férias. Entretanto, para conseguir montar uma reserva financeira de emergência equivalente a três meses do meu salário bruto, eliminei viagens internacionais em 2014, 2015, 2016 e 2017. Em 2014, da última vez que fiz um orçamento de uma viagem de 10 dias para a Europa, o custo total dessas férias sairia entre R$10 mil e R$15 mil, levando em conta passagens aéreas, hospedagem, deslocamentos, alimentação, entretenimento (como visitas a museus) e compras em geral. Tenho que confessar que o orçamento acabava ficando mais próximo de R$15 mil do que de R$10 mil, uma vez que já não considero hospedagem em hotéis de qualidade inferior. Devo admitir que, se for para ficar em lugares desconfortáveis, prefiro não viajar. Ou seja, no mínimo, economizei R$40 mil com viagens de dez dias a duas semanas ao exterior, ou um total de R$60 mil, se levasse em conta o valor mais alto do orçamento dessas férias. E essa, por incrível que pareça, foi uma opção de restrição de gasto mais fácil de fazer.

O mais difícil, contudo, é enfrentar e controlar os gastos diários de valores mais baixos. E, para isso, é preciso identificar todos os itens de consumo. É perceber as nuances dos impulsos financeiros até nos gestos mais triviais, como tomar cafezinhos mais do que seria saudável para a saúde e para o bolso. É criar uma rotina de registrar o destino de cada centavo gasto: onde, para que e por quê. É planejar onde se quer gastar menos – até para se gastar mais em outros itens mais necessários. É impor limites, quer seja na conta de energia elétrica, quer seja no consumo de gás, ou de combustível nos passeios de família. É ficar atento a detalhes. Tudo isso pode ser traduzido como organização do orçamento familiar, por meio de planilhas onde se registram as despesas e as receitas nos mínimos detalhes. E não somente isso: a organização das minhas finanças foi muito além de anotar minuciosamente cada centavo que saía do meu bolso ou que entrava na minha conta corrente. Eu tive de repensar a minha relação com o meu banco, ou melhor, com os bancos, pois, no passado, desperdicei muito dinheiro ao ter três contas correntes em bancos diferentes, reminiscentes de diferentes empregos que me forçavam a abrir contas em instituições diferentes daquelas com as quais eu já me relacionava a fim de depositar o meu salário. No fim das contas, me vi gastando desnecessariamente com tarifas de serviços bancários que eu pouco utilizava, deixando dinheiro espalhado em fundos de investimentos nas três instituições.

Da mesma forma como reorganizei e tornei mais eficientes os meus gastos, eliminado muitos cafezinhos por dia, por exemplo, decidi concentrar minhas transações bancárias em uma única instituição financeira. Ao fazer isso, negociei com o banco escolhido para centralizar minhas transações bancárias em um pacote muito mais vantajoso, eliminando a tarifa cobrada por diversos serviços, além de conseguir ficar isento da anuidade do cartão de crédito. No fim das contas, percebi que não precisava de três contas correntes nem cartões de crédito de diferentes instituições financeiras. As despesas com serviços bancários e de cartão de crédito caíram drasticamente. Portanto, não se precisa fazer um investimento ou desembolsar dinheiro para organizar suas finanças: basta dedicação e perseverança para anotar todos os gastos, todas as receitas, todas as contas pagas ou em atraso, onde se está desperdiçando dinheiro, onde é possível cortar sem prejudicar a família. E negociar com bancos ou outras instituições financeiras ou não (com sua seguradora de automóvel e da sua residência, por exemplo) faz parte dessa organização, desse controle, que muitas vezes acabamos por relegar. Quem planeja e se organiza consegue não somente eliminar desperdícios, mas também alavancar o nível de poupança para atingir uma meta financeira, como juntar um patrimônio grande o suficiente para garantir a aposentadoria.

Foi o que fizeram Carl e Mindy, um casal americano que traçou como meta juntar dinheiro suficiente para ambos se aposentarem em 1.500 dias. Eles contaram sua história em um blog batizado de "1.500 dias para a liberdade". Eles começaram o projeto em janeiro de 2013, quando Carl tinha 38 anos. A primeira coisa que fizeram foi saber o quanto precisavam para viver apenas da poupança acumulada no período do projeto. Até então, eles desconheciam o que gastavam, como, onde, quanto. Passaram a anotar em um livro todas as despesas, como compras no supermercado e as contas de telefone, luz, entre outras. Puderam, assim, identificar gastos desnecessários. Após registrarem com minúcia os gastos, Carl e Mindy chegaram à conclusão de que viveriam bem com US$2 mil por mês. Isso, obviamente, levando em conta que o casal não teria mais despesas como prestações de um financiamento imobiliário ou qualquer outra dívida de maior porte. O casal, por exemplo, quitou o financiamento dos dois automóveis da família. Para ter uma margem de segurança, eles decidiram fixar esse valor mensal em US$2.500. Era essa a renda que teriam de obter como ganho dos investimentos para deixarem de trabalhar. Nos cálculos do casal, seria necessário ter um patrimônio de US$800 mil para obter aquela renda. Mas, como os dois ainda tinham como objetivo juntar dinheiro suficiente para ajudar as duas filhas a pagarem a universidade quando chegasse a hora de elas fazerem um curso universitário, Carl e Mindy aumentaram a meta de poupança para US$1 milhão.

O ponto de partida do casal, todavia, não foi do zero: quando eles começaram o projeto de se aposentar em 1.500 dias, já tinham formado uma poupança ao longo dos anos de quase US$574 mil, ou seja, mais da metade do caminho! Todo esse dinheiro estava aplicado em ações negociadas na bolsa de valores. Porém, quase dobrar o patrimônio em 1.500 dias, ou em pouco mais de quatro anos, não é uma tarefa fácil ou simples. Além de conhecer melhor seus hábitos de consumo, registrando em um livro todo o tipo de despesa, Carl e Mindy também fizeram mudanças mais drásticas e estruturais na vida do casal: venderam uma ampla casa, de 465 metros quadrados, no estado americano de Wisconsin, e se mudaram para outra bem menor, de 130 metros quadrados, em uma região do estado do Colorado onde o custo de vida é bem mais baixo. Isso resultou em uma redução significativa na prestação do financiamento imobiliário. A outra parte da estratégia foi tentar aplicar sabiamente o dinheiro investido, aproveitando o retorno composto do mercado acionário dos Estados Unidos. Também procuraram encontrar meios para aumentar a renda da família, fazendo bicos e trabalhos paralelos, como escrever para blogs especializados em finanças (no caso de Mindy) e até criar aplicativos para smartphones, especialidade de Carl. Depois de mudar hábitos de consumo, cortando gastos desnecessários, e de fazer aplicações financeiras inteligentes, o casal Carl e Mindy conseguiu alcançar o objetivo de juntar US$1 milhão antes dos 1.500 dias: bateram a meta já em janeiro de 2016, quando o prazo estipulado originalmente seria em fevereiro de 2017. Com isso, eles reajustaram a meta: decidiram juntar US$1,12 milhão no prazo original de fevereiro de 2017. Mas, novamente, atingiram esse valor antes do tempo: três meses depois. Em dezembro de 2016, Carl e Mindy tinham amealhado um total de US$1,23 milhão.

E como Carl e Mindy chegaram à quantia original de US$800 mil para se aposentar e viver dessa poupança, embora tenham elevado o objetivo posteriormente para US$1 milhão? Eles usaram a famosa "regra dos 4%", citadas por quase todos consultores de investimentos na América do Norte. Essa regra estabelece uma taxa segura de resgate do patrimônio acumulado para a aposentadoria a fim de fazer essa poupança durar, ao menos, por 30 anos após a pessoa deixar de trabalhar definitivamente. Por essa regra, a pessoa deveria sacar até 4% do rendimento anual do patrimônio. O primeiro passo para determinar o quanto de dinheiro a pessoa deveria acumular para que o rendimento desses recursos aplicados em uma carteira composta de ações e títulos governamentais é calcular qual seria o nível de despesas durante os anos de aposentadoria, ou seja, qual o padrão de vida que a pessoa imagina ter na aposentadoria, se o mesmo, menor ou maior do que nos anos em que participava ativamente do mercado de trabalho. E esses resgates de 4% seriam para cobrir esses gastos e, assim, poder parar de trabalhar, sem correr o risco de corroer o valor principal poupado. Levando em conta uma margem de segurança, Carl e Mindy calcularam que precisariam de US$2.500 por mês para viver (ou US$30 mil por ano) e cobrir todas as despesas da família de quatro (o casal e as duas filhas). Para isso, precisariam juntar, no mínimo, US$800 mil.

Essa foi a mesma regra utilizada pelo casal Kristy Shen e Bryce Leung, de Toronto (Canadá), que em 2006 traçou como meta se aposentar aos 30 e poucos anos. Ao identificar o quanto precisariam para cobrir todas as despesas do casal, eles chegaram a uma quantia de 40 mil dólares canadenses por ano, ou algo como 3.333 dólares por mês. Ao multiplicarem 40 mil por 25 (o que equivale a dividir a quantia total a ser poupada por 4%), eles chegaram ao número de 1 milhão de dólares canadenses como o bilhete da liberdade, ou da aposentadoria antes da hora, que lhes permitiria viver dos rendimentos das suas aplicações financeiras. A regra dos 4% surgiu de um estudo feito em 1994 por William P. Bengen, um planejador financeiro americano. Ele testou vários percentuais de saques usando taxas históricas de retorno sobre uma carteira hipotética composta de 50% de ações e 50% de títulos governamentais. Ele chegou à conclusão de que 4% de retirada ao ano do patrimônio seria um percentual máximo que garantiria à carteira de investimentos sobreviver à volatilidade dos mercados financeiros, em períodos de crise econômica ou de choques no mercado, como a quebra da bolsa de valores americana em 1929. Saques máximos de 4% anuais permitiriam a melhor preservação do valor total poupado ao longo de, pelo menos, 30 anos. Assim, conforme Bengen, se a pessoa poupou um total de US$500 mil para a aposentadoria, ela poderá sacar 4% por ano, ou US$20 mil (em torno de US$1.666 por mês) para cobrir despesas sem colocar em risco o patrimônio poupado. Se, por acaso, a pessoa não conseguir juntar esses US$500 mil de patrimônio inicial na aposentadoria, há duas opções: a primeira, reduzir o padrão de vida, cortando o nível de despesas para menos de US$20 mil por ano; a segunda, adiar o início da aposentadoria, continuando a trabalhar para manter o nível de renda e, assim, conseguir juntar o patrimônio necessário para fazer frente aos saques máximos de 4% ao ano a fim de cobrir o padrão de vida e o nível de despesas planejados para a aposentadoria.

Após calcularem o quanto precisariam para viver e pagar as contas ao fim do mês quando se aposentassem, o primeiro passo do casal canadense Kristy Shen e Bryce Leung foi organizar o orçamento. E isso foi um instrumento essencial que viabilizou ao casal conseguir se aposentar aos 32 anos, no caso de Kristy, e aos 33 anos, no caso de Bryce, depois que conseguiram juntar pouco mais de 1 milhão de dólares canadenses. O projeto de aposentadoria aos 30 e poucos anos começou em 2006, quando os então namorados viviam em casas separadas e Kristy havia acabado de se formar em Engenharia da Computação. Nesse primeiro passo, eles listaram o quanto gastavam juntos com moradia, entretenimento e alimentação, viagens de férias, transporte e outras despesas, como a conta de luz. Além da planilha onde registravam receitas e despesas, eles acompanhavam em um gráfico em forma de pizza toda sua a vida financeira, mês a mês. Naquele ano, a renda líquida combinada do casal foi de 66.500 dólares canadenses, enquanto as despesas totais somaram 32.000 dólares canadenses, sobrando 34.500 dólares destinados à poupança, o que resultava em uma taxa de poupança de 52%. No ano seguinte, o casal reduziu em 500 dólares por mês o quanto gastavam com entretenimento e alimentação e cortaram de 833,33 dólares por mês, em média, com viagens de férias para uma média mensal de 250 dólares. Além disso, Kristy conseguiu um emprego em tempo integral, aumentando consideravelmente o seu salário. Assim, a renda líquida combinada do casal saltou para 125 mil dólares canadenses em 2007. Ainda que os gastos tenham aumentado para 51 mil dólares naquele ano, a taxa de poupança do casal subiu para 59% da renda líquida, ou 74 mil.

Em 2008, Kristy e Bryce conseguiram reduzir as despesas fixas consideravelmente após os pais dela terem dado o apoio para que eles morassem juntos antes de se casarem. Até então, o casal gastava 1.500 dólares canadenses por mês alugando dois apartamentos, quando, na realidade, ela passava boa parte do tempo na casa do namorado. Em 2008, morando juntos, o gasto com aluguel caiu para 800 dólares. Naquele ano, a taxa de poupança do casal aumentou mais ainda: 64% da renda líquida combinada deles. Em 2010, Kristy e Bryce se casaram oficialmente e, mesmo gastando 10 mil dólares com a festa de casamento, eles conseguiram poupar 69% da renda líquida do casal naquele ano (de 145.500 dólares), cortando mais ainda gastos como idas a restaurantes ou a cinemas. Ao fim de 2014, seguindo à risca um planejamento do orçamento familiar, identificando gastos desnecessários, Kristy e Bryce acumularam um patrimônio líquido (após o pagamento de impostos) de 1.018.044 dólares canadenses. E isso sem abrir mão da maior paixão do casal: viajar. Desde que começaram o projeto, em 2006, eles seguiram viajando de férias para vários lugares do mundo: Cuba, Inglaterra, Japão, Aruba, Holanda, Alemanha, Grécia e vários outros países. Ou seja, organizar o orçamento familiar e cortar gastos excessivos não significa necessariamente se privar de prazeres da vida, alguns caros, como viajar pelo mundo. Exige, contudo, planejamento e algum grau de disciplina.

Segundo Kristy e Bryce, desprezar a pressão da família e também de consultores de investimentos para comprar a casa própria foi o pulo do gato para bater a meta de um patrimônio líquido de 1 milhão de dólares canadenses. Os preços dos imóveis em Toronto, no Canadá, haviam subido significativamente. E, ao contrário do que fazem a maioria dos jovens casais, Kristy e Bryce decidiram investir em aplicações financeiras o que haviam poupado para dar de entrada em um financiamento imobiliário. Alocaram 60% dos recursos em ações na bolsa de valores e 40% em aplicações de renda fixa. Na ponta do lápis, a escolha pelo mercado financeiro foi mais acertada, segundo eles. O preço médio dos imóveis em Toronto passou de 497.130 dólares em 2012 para 622.120 em 2015, correspondendo a um ganho médio de 7,8% ano sobre ano. Segundo Kristy e Bryce, a carteira de investimentos deles – composta por 60% em ações e 40% em títulos de renda fixa – teve uma rentabilidade semelhante no período. No entanto, ao se deduzir os custos relacionados à compra do imóvel (comissão dos agentes imobiliários, impostos, taxas de inspeção, seguro e outras despesas burocráticas), o retorno da valorização média dos imóveis em Toronto entre 2012 e 2015 foi muito menor do que os ganhos resultantes das aplicações financeiras. Portanto, o planejamento e o maior controle do orçamento familiar foi o primeiro passo para o casal atingir o objetivo de se aposentar bem antes da idade mínima exigida no Canadá, de 66 anos. Mas uma contribuição importante foi a tomada de decisões inteligentes sobre poupança e investimento, muitas vezes contrariando a orientação dos profissionais de finanças pessoais, como optar por alugar e não comprar a casa própria, destinando a parcela da entrada para investir e se beneficiar do retorno composto do mercado acionário ou dos juros pagos pelos títulos de renda fixa.

Mas a organização das finanças da família e a mudança de hábitos de consumo nem sempre resultam de quem está envolvido em um projeto de juntar uma fortuna para aposentar-se mais cedo. Em um mundo mergulhado em crises econômicas e recessão, a perda do emprego forçou muita gente a fazer uma profunda reavaliação dos gastos, geralmente ocasionando uma mudança drástica de vida. Foi o que aconteceu com uma das minhas melhores amigas. Jornalista experiente, mãe de uma jovem adulta, ela se viu desempregada repentinamente aos 51 anos de idade. Minha amiga foi vítima não somente de uma das piores recessões econômicas enfrentadas pelo Brasil, como também da mais grave crise estrutural que abalou o jornalismo, resultando no fechamento de jornais e revistas especializadas, além do enxugamento radical de vagas de trabalho em todos os veículos de comunicação. Ao contrário das ondas de demissões registradas em anos anteriores no jornalismo, minha amiga não conseguiu encontrar um novo emprego imediatamente. No passado, a rotatividade na mídia brasileira, sempre existindo vagas de trabalho que se encaixassem em qualquer perfil profissional, dos mais jovens até os mais experientes, em algum veículo, tornava o desemprego um fantasma menor. E, portanto, nem de longe significava uma mudança de hábitos (de consumo e de vida) radical na vida das pessoas. Mas esse cenário mudou completamente na mídia brasileira desde 2012.

Acostumada a sempre ter propostas de trabalho e a um salário elevado, minha amiga nem sempre priorizou, ao longo dos anos, o planejamento do seu orçamento familiar ou a contenção de gastos. Mas, na recessão da economia brasileira em 2015 e 2016, ela passou um ano e meio sem conseguir uma recolocação, ou melhor, um emprego com carteira assinada e todos os benefícios trabalhistas e previdenciários. Nesse período, ela viveu de trabalhos avulsos e esporádicos, os chamados "freelances". Durante esse um ano e meio, na média, sua renda caiu pela metade: houve meses em que ela não ganhou praticamente nada, mas também houve momentos, embora em apenas um ou dois meses, em que ela conseguiu ganhar mais do que seu antigo salário mensal. Uma queda praticamente pela metade da sua renda forçou uma redução substancial das suas despesas fixas. A começar pela moradia. No espaço de um ano e meio, minha amiga mudou de casa três vezes. Passou de uma ampla casa cujo aluguel valia em torno de R$4.500 por mês para outra, menor, de R$3 mil e, finalmente, para uma terceira casa, cujo valor do aluguel era de R$1.500. A crise econômica ajudou: com a recessão também atingindo o mercado imobiliário, o preço dos aluguéis caiu bastante na cidade de São Paulo. Assim, minha amiga conseguiu se mudar para uma casa menor, sem garagem e mais antiga, porém em uma localização bem melhor do que as outras duas anteriores. Sua qualidade de vida, ao menos em termos de moradia, se não apresentou uma melhora, ao menos não piorou.

A maior mudança, contudo, resultante do desemprego e da redução abrupta de renda, foi a de postura em relação aos hábitos de consumo e de organização do orçamento familiar. Uma novidade antes impensável, ao menos nos períodos de bonança, para minha amiga, foi a adoção de uma planilha na qual ela passou a anotar em detalhes todos os gastos e todo o dinheiro que entrava. Esse conhecimento – e, portanto, melhor gestão – das finanças no dia a dia lhe permitiu identificar gastos em excessos e corrigir o rumo para entrar em equilíbrio novamente. Mais ainda: minha amiga descobriu algumas lições de vida que a escassez de recursos acabou por lhe mostrar. A primeira delas é que se impor limites em termos de gastos, cortar excessos e viver com menos não necessariamente significa uma vida menos feliz ou menor contentamento. Certamente, o grau de preocupação com as finanças e o futuro, em termos de onde virá o dinheiro, aumentou, mas isso não obrigatoriamente é igual a infelicidade. O desemprego por tanto tempo também impôs escolhas que antes nunca lhe haviam passado pela cabeça. Escolhas básicas ou fundamentais, como ter plano de saúde ou depender dos serviços públicos. Dessa experiência, após ter finalmente conseguido um emprego fixo um ano e meio depois de ter perdido o seu último trabalho, ficou a certeza de que é possível chegar a um meio termo entre gastar desbragadamente com bens e serviços nem sempre necessários e se privar quase que completamente de tudo que se estava acostumada no passado; é possível um ponto de equilíbrio entre esses dois extremos. Mas nada melhor do que o depoimento dela sobre o que descobriu sobre seus hábitos de consumo e sua postura em relação ao orçamento familiar com o desemprego por tanto tempo:

"Quando se perde o emprego, não há como controlar a receita, então resta controlar as despesas. Passei a prestar atenção ao que estava gastando e que não era fundamental. Tudo isso, no início, é um baque. A gente muda de padrão de vida, mas não necessariamente para pior. O aluguel da casa onde moro hoje é praticamente um terço

do valor da casa onde eu estava morando antes de tudo isso acontecer. A minha casa hoje é menor, sem garagem e mais antiga do que as outras, mas serve para mim e minha filha igual ou melhor do que as outras duas. Ela está localizada em um bairro muito legal, em uma região plana e com mais acessos a serviços e lugares.

Nesse um ano e meio de desemprego, acabei aprendendo que menos pode ser mais. Se a gente consegue viver igual com menos despesas ou recursos, sem ter desperdícios, é muito melhor. Antes, eu gastava muito dinheiro à toa, sem pensar, pois acreditava que aqueles gastos desnecessários não me fariam falta no fim do mês. Mas o futuro do mundo é compartilhar as coisas, reciclar e ser mais funcional no consumo e no uso de bens e serviços. Não precisa ir no supermercado mais barato a quilômetros de distância da sua casa, mas também é possível evitar fazer compras no mais caro, na sua vizinhança. E por que não substituir produtos mais caros por outros mais em conta? Se a maçã está cara e é época de manga, por que não optar pela manga e esperar a safra da maçã? Nos bons tempos, eu comprava verduras já prontas para o consumo, limpas e ensacadas, que não somente custavam mais caro, como também duravam menos. Hoje, compro as verduras que eu mesma lavo e limpo. Dá mais trabalho, mas é mais barato. A pseudocomodidade da vida moderna te induz a gastar desnecessariamente. São pequenos hábitos de consumo que eu não tinha antigamente.

Outras escolhas são mais difíceis e delicadas, como ter ou não um plano de saúde. Estou sem um há um ano e meio. Não vou aconselhar as pessoas a largarem sua cobertura médica. Eu assumi esse risco e fiz essa aposta. Tive sorte porque tenho uma boa saúde. Não precisei recorrer a um hospital. Mas se tivesse tido um acidente, por exemplo, eu teria de procurar um hospital público. Mas, com mais de 50 anos de idade, eu pagaria, no mínimo, R$1 mil por mês por um plano de saúde. Quanto isso não me teria custado em um ano e meio em que não precisei usá-lo? E por que não abrir mão desse plano e poupar e investir metade do que se pagaria por ele? Não fiz isso porque, sem renda fixa, não tive como poupar esse valor, mas é uma opção a ser pensada. Precisei fazer umas consultas médicas de rotina recentemente. Fui a Santos, onde minha mãe mora, e paguei a metade do que se cobra por consultas médicas na cidade de São Paulo.

Em vez de pagar uma academia de ginástica para fazer natação, por exemplo, a pessoa pode recorrer a piscinas públicas, como a do Estádio do Pacaembu, mantida pela Prefeitura. Ou, em vez de pagar uma academia mais cara perto de casa, a pessoa pode procurar outra mais barata, embora mais distante. Entre gastar o topo do que o salário permite – bancando um plano de saúde ou uma academia de ginástica mais cara – ou depender apenas do serviço público – quer seja na área de saúde, educação ou recreação –, percebi que é possível chegar a um meio termo, a um ponto de equilíbrio. Eu me encontro hoje nesse meio termo: mudei de casa, mas, ainda assim, fui morar em um lugar bacana.

Se minha renda caiu quase pela metade, eu ainda não consegui cortar os gastos na mesma proporção. Isso é um processo. Estou no meio dele, mas vai chegar o momento em que vou conseguir equilibrar o dinheiro que entra e o que sai. A planilha que montei para registrar todos os gastos e receitas vai me ajudar nisso. Por enquanto, ela me ajuda a fazer uma previsão dos meus gastos fixos e o espaço que tenho para sair desse valor fixo. Se gasto mais do que essa previsão de despesas fixas, fica mais fácil de, no mês seguinte, corrigir o rumo, identificando onde cometi excessos. Como é algo novo na minha vida, há períodos em que eu me esqueço de alimentar a planilha todos os dias. Mas, quando há algum desvio, ou seja, quando gasto mais com alguma coisa muito além da previsão das despesas fixas, a planilha me ajuda a deixar claro o que aconteceu. Ao deixar as despesas mais concretas, a planilha facilita fazer o controle das minhas finanças. Antes, quando eu tinha um emprego, esse controle não passava pela minha cabeça porque a minha renda mensal era o dobro das minhas despesas fixas. Eu simplesmente não me preocupava tanto com gastos em excessos, como viagens ou roupas. Com a planilha, eu vejo no preto e no branco onde cometi deslizes. Ela, até mesmo, me ajuda a identificar compras que, embora necessárias, não precisavam ser feitas de imediato, isto é, podiam ser adiadas.

Foi a primeira vez na vida que fiquei um ano e meio desempregada. Nesse tempo, aprendi que, muitas vezes, no passado, comprava coisas impulsiva e, não raro, compulsivamente. Eu não me incomodava com desperdício de dinheiro. Por exemplo, se a conta de água viesse errada e a empresa de abastecimento cobrasse indevidamente R$100 a mais em um determinado mês, eu preferia pagar esse valor errado a correr atrás, ficar à espera de atendimento por um funcionário da empresa ao telefone ou pessoalmente. Eu simplesmente não queria ter esse trabalho maçante, especialmente porque a minha renda era o dobro das despesas fixas. Eu pensava: o tempo que eu for perder brigando pelos meus direitos vale muito mais do que R$100 cobrados indevidamente na conta de água, de luz ou de qualquer outro serviço. Recentemente, aliás, minha conta de água veio demasiadamente alta. Fui atrás da empresa de abastecimento. Depois de muita espera e trabalho, eles revisaram o valor da conta para baixo. Hoje, eu vejo que R$100 fazem diferença. Antes, não pensava assim. Eu não queria lidar com a burocracia. O meu salário excedia meus gastos fixos e isso me fazia relevar o desperdício de pequenos valores.

Não sei dizer se o meu grau de felicidade variou ao mudar meus hábitos de consumo, mas perder o emprego, de fato, aumentou minha preocupação com o futuro. De qualquer modo, fiquei, sim, satisfeita comigo ao perceber que eu poderia viver bem com menos desperdício e com menos dinheiro. Por quase 30 anos, estive empregada em período integral. Ao perder o emprego *e passar a fazer trabalhos de casa, passei a cozinhar e a fazer a faxina. Além de economizar com restaurantes, reduzi as despesas ao não ter mais faxineira. Também passei a andar e dar banho nos meus cães, economizando com o "pet shop". Meu maior orgulho foi conseguir morar bem, pagando quase um terço do aluguel antigo. Assim, sempre existe um caminho do meio entre a vida proporcionada pelo salário antigo e outra, com recursos mais escassos. Por outro lado, quando se tem menos dinheiro disponível, as comodidades antigas desaparecem: dá mais trabalho cozinhar sua própria comida, fazer a faxina, dar banho e passear com os cachorros, limpar as verduras em vez de comprá-las ensacadas, ir atrás dos seus direitos e corrigir valores cobrados indevidamente nas suas contas do mês. Mas isso não necessariamente significa uma vida de pior qualidade."*

Minha amiga escolheu montar ela mesma, sem se basear em um modelo já existente, uma planilha Excel para controlar o orçamento familiar como uma das etapas para equilibrar melhor seus gastos e receitas. Mas há várias outras opções para administrar as finanças do dia a dia, desde aplicativos que podem ser baixados em diferentes modelos de smartphones até em sites na internet dedicados à educação financeira e ao planejamento financeiro. Tanto os aplicativos como os sites na internet dispõem de planilhas para controle de gastos e receitas, como o da BM&-FBovespa (a bolsa de valores, mercadorias e futuros) ou o do Instituto Brasileiro de Defesa do Consumidor (Idec). Mesmo quem tem maior resistência em lidar com tecnologia, evitando mexer com aplicativos, pode fazer a gestão das suas finanças do dia a dia no bom e velho caderninho, anotando e classificando por categorias todas as despesas registradas no extrato bancário, pagas com cheques ou com cartão de débito, sem falar no detalhamento dos gastos lançados na fatura do cartão de crédito.

O primeiro obstáculo a se vencer, todavia, é a bagagem cultural, ou melhor, uma resistência de boa parte da população em se informar, em criar uma disciplina para organizar o orçamento pessoal ou familiar, em buscar uma maior educação financeira. Assim, de nada adianta ter ferramentas à disposição, com o melhor que a tecnologia pode oferecer. É preciso uma mudança comportamental. A pesquisa anual de "Educação Financeira" divulgada em janeiro de 2017 pelo Serviço de Proteção ao Crédito (SPC Brasil) e pela Confederação Nacional de Dirigentes Lojistas (CNDL) mostrou que 51% dos entrevistados afirmaram fazer um controle sistemático do orçamento pessoal. Ou seja, apenas a metade. E dessas pessoas que fazem o controle de gastos e receitas regularmente, 32% disseram utilizar um caderno ou uma agenda para as anotações e o controle do orçamento. Uma parcela bem menor, de 15%, disse utilizar uma planilha no computador e somente 4% fazem essa tarefa via aplicativos em telefones celulares. Uma parcela de 58% dos entrevistados afirmaram ter dificuldades para fazer o controle do orçamento mensal, com 20% das pessoas citando como a maior delas a tarefa de reunir todas as informações e pagamentos feitos ao longo do mês. E dos 48% de todos os entrevistados pela pesquisa que responderam não fazer qualquer controle efetivo do orçamento pessoal, 45% justificaram tal postura pela simples falta de hábito, enquanto outros 19% explicaram que não fazem esse controle porque não têm uma renda mensal fixa. Em outro levantamento, também feito pelo SPC Brasil e pela CNDL, 79% das pessoas pesquisadas mostraram não ter a menor noção de estarem endividadas, isto é, desconhecem o conceito de que estar endividado é ter parcelas a vencer de compras ou de empréstimos. Para 46,7% dos ouvidos nesse levantamento, estar endividado significa apenas ter contas em atraso. Ou seja, ao não considerar como dívidas parcelas a vencer de compras a prazo ou de empréstimos, a pessoa acaba tendo um controle mais frágil sobre a sua renda disponível no futuro e sobre seu orçamento pessoal como um todo, podendo embarcar em uma onda de consumo que pode lhe dar dor de cabeça no futuro.

O resultado dessa pesquisa feita pelo SPC Brasil e pela CNDL mostra o quanto a educação financeira é fundamental e deveria fazer parte da vida dos brasileiros o quanto antes. Não é à toa que o governo brasileiro instituiu em 2010, por meio de decreto, a Estratégia Nacional de Educação Financeira (ENEF) para promover a educação financeira e previdenciária, envolvendo instituições governamentais como o Banco Central, a Comissão de Valores Mobiliários, a Superintendência de Seguros Privados (Susep) e a Superintendência Nacional de Previdência Complementar (Previc), além de representantes da sociedade civil, como a BM&FBovespa e a Federação Brasileira de Bancos (Febraban), entre outros. No site da

Internet da ENEF, há várias ferramentas que permitem que o usuário faça um melhor planejamento do orçamento pessoal ou tome conhecimento de como investir na previdência complementar e em outros serviços financeiros. No site do Banco Central, além de cartilhas e manuais sobre diversos temas, como orçamento familiar, crédito e gestão de dívidas, poupança e investimento, entre outros, está disponível a "Calculadora do Cidadão" que simula operações financeiras – como o financiamento com prestações fixas ou o valor futuro de capital – a partir de informações fornecidos pelo usuário. Também na página da internet de organizações como o SPC Brasil é possível encontrar áreas dedicadas à educação financeira.

A ignorância financeira nem de longe é uma benção: resulta em custos no dia a dia, que, somados ao longo do tempo, podem fazer a diferença para se atingir uma meta de longo prazo – "ficar rico", comprar a casa própria, conseguir se aposentar e viver confortavelmente. Ou, simplesmente, formar uma poupança para custear o aumento de despesas inevitáveis na velhice, como gastos com plano de saúde, remédios e internações hospitalares. Mas não basta somente o conhecimento de conceitos financeiros básicos. E eu sou o exemplo disso: passei boa parte da minha vida como analfabeto financeiro mesmo tendo acesso a informações. É preciso também agir, ser diligente, determinado e perseverante para organizar e controlar o orçamento pessoal ou familiar. É também a melhor estratégia para conseguir viver bem com menos, para quem, a exemplo da minha amiga, se viu parte das estatísticas de desempregados no Brasil. Tudo isso requer uma nova atitude, uma postura diferente em relação ao dinheiro, ao consumo, ao investimento. A educação financeira é, no entanto, a forma mais inteligente de dar uma reviravolta na posição patrimonial, passando de uma situação de endividamento (quando voltei dos Estados Unidos com uma dívida de US$25 mil no meu cartão de crédito americano) para outra em que passei a ter dinheiro poupado e investido. Mais ainda: a educação financeira permite a escolha mais informada das opções disponíveis de poupança, consumo e investimento. A disciplina, a paciência e a perseverança não se aprendem em manuais ou cartilhas. Basta força de vontade!

REFERÊNCIAS BIBLIOGRÁFICAS

KLAPPER, Leora, Annamaria Lusardi, Peter Van Oudheusden. *Pesquisa Global de Educação Financeira (Global Financial Literacy Survey)*. Standard & Poor's Rating Services, World Bank, The George Washington University. (2014). Disponível em: **<http://gflec.org/wp-content/uploads/2015/11/Finlit_paper_16_F2_singles.pdf>**

ELKINS, Kathleen. *How one couple saved $1 million in 4 years to retire by age 43.* CNBC News. 15/08/2016. Disponível em **<http://www.cnbc.com/2016/08/15/how-one-couple-saved-1-million-in-4-years-to-retire-by-age-43.html>**

Mr. 1500. *1500 Days to Freedom*. Disponível em: <http://www.1500days.com/goal-progress/>

HARRIS, Sophia. *How a 30-something couple got rich and retired by not joining home ownership 'cult'*. CBC News. 15/08/2016. Disponível em: **<http://www.cbc.ca/news/business/house-investment-wealth-1.3716641>**

SHEN, Kristy. *The Millennial Revolution*. Disponível em: <http://www.millennial-revolution.com/>

BENGEN, William P. *Determining withdrawal rates using historical data.* Journal of Financial Planning. Outubro/1994. Disponível em: **<http://www.retailinvestor.org/pdf/Bengen1.pdf>**

Serviço de Proteção ao Crédito (SPC Brasil), Confederação Nacional de Dirigentes Lojistas (CNDL). *Pesquisa anual "Educação Financeira"*. Janeiro/2017. Disponível em: **<https://www.spcbrasil.org.br/pesquisas/pesquisa/2453>**

CAPÍTULO 5
QUÃO RICO É SER RICO?

É raro o dia em que eu não atrapalhe meus colegas de trabalho logo cedo da manhã, em meio ao burburinho e à agitação da principal agência de notícias financeiras do Brasil, com a minha já gasta previsão, gritando a plenos pulmões: "Eu vou ser rico!!!".

Ninguém me leva a sério.

Há dias, inclusive, que até consigo sentir a frustração de vários companheiros com o meu grito de guerra. Ou porque estão se esforçando para se concentrar no texto que estão escrevendo naquele momento e que precisam publicar dali a minutos ou porque estão ao telefone entrevistando alguém. Ou, simplesmente, porque mal o dia começou e alguém já está vários decibéis acima do que seres humanos normais estariam naquela hora.

No início, a minha motivação era simplesmente atrapalhar a rabugice dos que acordaram de madrugada e já estavam na labuta ao raiar do sol para fornecerem informações financeiras, políticas e econômicas a centenas e centenas de leitores. Com o passar do tempo, eu quis crer que o meu grito de guerra podia se materializar como aquelas profecias autorrealizáveis. Se eu repetisse isso todos os dias como um mantra budista, em algum momento o meu sonho se tornaria realidade. Aos poucos, essa fantasia foi assumindo uma premência incompatível com devaneios aos quais nos damos ao luxo em momentos de tédio ou de relaxamento. Isso porque o futuro chega, sorrateira e inexoravelmente. Aliás, quando a gente começa a se arrepender das decisões do passado, o futuro bate à nossa porta e anuncia com cruel frieza: "Cheguei!"

Só que, de uns tempos para cá, fiquei surpreendentemente confortável com a fantasia de que meu sonho de ficar rico se tornaria realidade. Assim, resolvi passar o recado de forma mais simples para os companheiros da redação. Agora, chego de manhãzinha, largo minha mochila sobre a mesa, ligo o computador e apenas soletro aos gritos: "R-Y-K-O!!!".

Ninguém acha a menor graça. E, após o virar de olhos contrariados, as pessoas voltar a teclar.

Todavia, lembro-me exatamente do dia em que eu tive a confiança de que, sim, é possível ficar rico apenas do meu salário, sem jogar na loteria ou cometer malfeitos, como fazem muitos dos políticos brasileiros. Foi quando li um artigo no jornal *The Wall Street Journal* sobre a história de um senhor americano que, ao morrer, aos 92 anos, amealhou uma fortuna de US$8 milhões após ter trabalhado a vida inteira como frentista de um posto de combustível e, depois, como zelador de uma loja de departamentos.

Se me pedissem para adivinhar a profissão de alguém que deixara US$8 milhões ao morrer, eu jamais arriscaria frentista ou zelador. E Ronald Read, o senhor que conseguiu toda essa fortuna, fez isso apenas trabalhando e poupando. Obviamente, pelo que deduzi da reportagem, o velhinho teve a vida mais maçante e tediosa que se possa imaginar. Amealhou toda aquela grana e não a aproveitou. Viveu praticamente como muitos trabalhadores: todo o dinheiro do salário indo-se nas contas a pagar no fim do mês, como alguém sem condições de viajar de férias nem para a cidade vizinha. Se valeu a pena ou não o velhinho ter guardado a fortuna sem aproveitá-la e se eu faria a mesma coisa que ele ou não, é irrelevante para a epifania que me ocorreu ao terminar de ler aquele artigo. Foi como se um mistério tivesse me sido desvendado: não havia mistérios para juntar uma pequena fortuna!

Ser rico passou a ser uma meta factível, viável. E eu não precisaria depender da sorte na loteria para chegar lá.

Mas uma questão logo me assaltou assim que comecei a pensar em detalhes desse projeto. De um lado, eu não pretendia ficar rico apenas aos 92 anos de idade, como o velhinho americano. De outro, tampouco eu tinha a menor pretensão de fazer um voto de pobreza e me tornar um frade franciscano para juntar dinheiro, privando-me de prazeres comezinhos da classe média brasileira ao longo de toda uma vida com a única missão de juntar, poupar, investir, enriquecer.

Seria possível chegar a um equilíbrio? Isso é, seria possível acumular uma fortuna – ou o que eu considerasse o suficiente para me deixar feliz como uma fortuna – e, ao mesmo tempo, viver com qualidade uma vida que, quando se der por concluída, eu não classificasse na minha contabilidade com Deus como vazia de satisfações diárias ou de memórias inesquecíveis, como as proporcionadas por viagens?

Compreendi, naquele momento, que eu não precisava de um complexo plano de investimento que duplicasse as estratégias e decisões tomadas por milionários já consagrados ou de profissionais experimentados do mercado financeiro. Eu precisava apenas traçar minha própria estratégia para chegar lá. Algo que fosse confortável para mim – financeira e emocionalmente. Percebi, por exemplo, que era impossível tentar copiar o que Ronald Read fez. Não dava para replicar no Brasil as opções e os instrumentos de investimentos existentes nos Estados Unidos. Do mesmo modo, as condições macroeconômicas americanas proporcionam oportunidades que o Brasil não oferece, como um histórico mais longo de inflação baixa e de taxas de crescimento consistentemente maiores da economia ou da produtividade (o que acelera os ganhos das empresas e, por tabela, o preço de suas ações negociadas em bolsas de valores). Aliás, o mercado acionário americano se tornou há muitas décadas mais acessível para o pequeno investidor, o que ainda está por acontecer com o investimento em bolsas de valores no Brasil em igual magnitude, disseminação, profundidade e liquidez. O tal velhinho americano, por exemplo, juntou todo o seu patrimônio comprando e guardando ações de tradicionais empresas da economia americana e mundial – corporações estáveis, que sobreviveram aos ciclos econômicos e que permitiram que aquele senhor tivesse a paciência de "sentar em cima" dessas ações por anos e anos a fio. Ronald Read chegou a comprar ações de uma empresa americana em 1959 e as guardou em seu poder até morrer, em 2014. Os pilares do capitalismo e da democracia nos Estados Unidos também desempenharam um papel importante nessa empreitada: a empresa cuja ação o humilde zelador comprou nunca sofreu uma interferência do governo, nem a atividade econômica na qual ela operava. A consequência disso é que o valor da ação dependeu, em boa parte, do desempenho dos gestores dessa empresa em alavancar o negócio, quer seja maximizando o potencial de lucro em diferentes ciclos da economia, isto é, durante as recessões e o crescimento. No Brasil, a história tem mostrado que os desafios vão além de sobreviver aos ciclos naturais da economia: um presidente pode simplesmente sequestrar a poupança da população da noite para o dia, sem aviso. Ou então, forçar uma empresa a vender seus produtos por um preço abaixo do valor cobrado no mercado internacional, como aconteceu durante um bom tempo com os combustíveis comercializados pela Petrobras.

De qualquer modo, a paciência foi a maior virtude daquele senhor americano, e o grande segredo para chegar ao fim da vida com tanto dinheiro: ele não se desesperou em momentos turbulentos das bolsas de valores nem se animou exageradamente durante períodos de euforia do mercado. Fez o mais difícil: teve o sangue frio de investir e poupar no longo prazo, sem ceder a tentações para o lucro fácil ou a sentimentos de pânico para evitar perdas momentâneas. E esse prazo foi muito além do que muitos considerariam longo no Brasil. O tempo recompensou a paciência dele. Ao menos, na conta bancária.

A mensagem mais importante daquele artigo não foi como um frentista e zelador conseguiu juntar uma fortuna de US$8 milhões, onde investiu, em quais produtos financeiros aplicou o seu dinheiro, de que forma poupou, ou como guardou parte do salário depois de ter pago as contas do mês. O fundamental da história dele foi que, sim, era possível qualquer pessoa chegar lá, juntar uma fortuna, independentemente da profissão, da escolaridade e de muitos outros atributos. Ser rico passou a ser, na minha visão, uma questão de força de vontade, perseverança e paciência. Passou a ser, também, uma mudança de hábitos – de consumo, de investimento e de atitude em relação ao futuro, tanto em termos de aposentadoria, quanto de gastos com a saúde.

Mas, o que é ser rico? Que tipo de patrimônio e conta bancária qualificariam alguém para chegar ao seu local de trabalho e gritar para todos ouvirem: "Eu sou rico!!"?

Obviamente, aqueles US$8 milhões atingidos por Ronald Read significariam, para mim, a própria cara da riqueza, mas, talvez, representem apenas um trocado ou uma ninharia para um profissional bem-sucedido em Nova York, Londres, Paris ou Tóquio. Talvez US$8 milhões comprem um apartamento mais acanhado na Park Avenue, a elegante avenida em Nova York, e não sobre muito mais para mantê-lo. Talvez só o condomínio e os impostos consumidos em um apartamento naquela localização tão privilegiada tornem inviável ostentar qualquer riqueza.

Talvez não. Quem sabe US$8 milhões não seriam considerados uma fortuna inimaginável em qualquer lugar do mundo para qualquer tipo de cidadão, mesmo em Nova York?

Em uma pesquisa feita em 2013 por um banco de investimentos europeu com pessoas com patrimônios entre US$1 milhão e US$5 milhões, apenas 28% dos entrevistados disseram se considerar ricos. Em outra pesquisa, uma consultoria e empresa especializada em pesquisas de mercado voltadas para investidores de elevada renda, perguntou aos entrevistados qual seria o patrimônio líquido (incluindo imóveis) mínimo para se considerarem ricos: 45% de todos os participantes da pesquisa com idade abaixo de 40 anos disseram que esse limite mínimo seria de US$1 milhão, enquanto que apenas 22% dos entrevistados com 60 anos ou mais disseram ser US$1 milhão a quantia necessária.

Um dos levantamentos mais interessantes sobre o conceito de riqueza consta de um relatório publicado em 2016 pelo banco suíço *Credit Suisse* e intitulado "Global Wealth Report" (ou "Relatório de Riqueza Global"). Segundo o levantamento, a riqueza global somava US$256 trilhões ao fim de junho de 2016, ou melhor, esse era o valor líquido patrimonial de 4,8 bilhões de adultos no mundo, que foi a parcela da população mundial objeto do estudo. A riqueza por adulto no mundo, portanto, era de US$52.800. No entanto, os 10% mais ricos do mundo detinham 89% de todos os ativos globais, enquanto a metade mais pobre da pirâmide patrimonial detinha menos de 1% desses ativos. Esse valor líquido patrimonial é o produto da soma dos ativos financeiros e ativos reais (principalmente imóveis), menos as dívidas. Ao subtrair as dívidas, uma pessoa precisaria deter apenas US$2.200 de patrimônio para estar entre a metade mais rica da população mundial. Para ficar entre os 10% mais ricos, esse patrimônio líquido deveria ser de US$71.600. E, para se encaixar bem na elite de 1% dos mais ricos no mundo, esse valor teria de superar US$744.400 ao fim de junho de 2016.

O relatório do *Credit Suisse* também calculou o número de pessoas no mundo com patrimônio líquido acima de US$1 milhão, ou seja, os milionários. Ao fim de junho de 2016, eram 33 milhões de milionários, ou 0,7% dos adultos no mundo. Desses milionários, o Brasil contava com 172 mil no relatório do banco suíço. Ainda na pirâmide de riqueza, cerca de 365 milhões de pessoas (ou 7,5% do total de adultos) tinham um patrimônio entre US$100 mil e US$1 milhão. Outros 897 milhões de adultos (18,5% do total) possuíam patrimônio entre US$10 mil e US$100 mil, enquanto que a esmagadora maioria, ou 3,55 bilhões de adultos (73,2% do total), tinha um patrimônio abaixo de US$10 mil. Nesse último grupo, o relatório destaca o chamado "bilhão da base" da pirâmide patrimonial, ou seja, 1 bilhão de adultos que detinham um patrimônio abaixo de US$248, mas que, em boa parte, na realidade, eram devedores líquidos, ou seja, não tinham ativos, mas sim dívidas. A maioria dessas pessoas se encontra na Ásia, em particular, em países como a Índia, e na África. E muitos especialistas creditam o baixo valor patrimonial da base da pirâmide à baixa renda (devido aos salários) e ao elevado nível de endividamento.

Em outra pesquisa sobre o mercado de milionários e bilionários no mundo, a consultoria *Knight Frank Research* mostrou que o número de milionários (patrimônio acima de US$1 milhão) no Brasil passou de 105.300 em 2006 para 180 mil em 2015, mas a recessão reduziu esse número para 154.800 em 2016. Mais ainda: a crise levou 2.000 milionários brasileiros a deixarem o país. E esse processo também aconteceu com os multimilionários brasileiros (aqueles com riqueza acima de US$10 milhões), que foram de 3.040 em 2006 para 5.200 em 2015, caindo para 4.470 em 2016. Já o número de brasileiros com patrimônio acima de US$1 bilhão passou de 23 em 2006 para 40 em 2015, caindo para 34 em 2016.

No entanto, o que me interessa para a discussão neste livro é: para você dar aquele grito de liberdade, não precisa que outra pessoa lhe imponha um valor patrimonial, uma quantia determinada que defina o contentamento com a vida. Você pode estabelecer a sua própria definição de riqueza. Não há uma lei que diga que a partir de "X" milhões uma pessoa é rica. Claro que há os "podres de ricos", os bilionários, os que precisariam de mais de uma encarnação para gastar todo o dinheiro que têm.

Em 2010, por exemplo, a rede de televisão americana CNN perguntou aos telespectadores quanto dinheiro era necessário para que se sentissem ricos. As respostas variaram, mas a mensagem que as unia era simples: o necessário para viver confortavelmente sem precisar trabalhar. Um dos especialistas em planejamento financeiro e de investidores ouvidos pela CNN disse que, nos Estados Unidos, essa quantia poderia variar entre US$2 milhões e US$12 milhões, dependendo da região onde se vivia no país, em razão dos diferentes custos de vida. Basicamente, esses valores seriam o suficiente para se viver somente dos ganhos – juros ou dividendos – proporcionados pelo investimento em diversas aplicações financeiras.

Tornar-me apenas um rentista, todavia, está longe de ser meu objetivo de vida. Tornar-me rico – ou juntar o suficiente para não depender de um salário para pagar as contas básicas ao fim do mês – não é sinônimo de me tornar um parasita, sugando juros, em uma existência marcado pelo ócio e pela inanidade. A meta não é ser um mero diletante.

Assim, no meu caso, não me passa pela cabeça ser "podre de rico". Confesso que não sonho alto a ponto de me imaginar amealhando uma fortuna que me falte tempo nesta encarnação para gastá-la. Até ler a matéria do velhinho americano, eu nunca havia perdido meu tempo sonhando em ser rico. Isso era algo tão intangível que pareceria até uma brincadeira se dissesse a alguém que gastaria horas do meu dia meditando uma estratégia para ficar, de fato, rico. Isso porque, quando escolhi o jornalismo como profissão, já estava na minha expectativa uma vida de classe média, com todas aspirações e limitações do lugar que me coube na pirâmide social, pois o salário médio de um jornalista no Brasil é muito modesto, para ficar em uma definição mais polida.

De todo o modo, se o velhinho americano conseguiu juntar US$8 milhões ganhando a vida como frentista e depois como zelador, por que eu não conseguiria como jornalista? É verdade que ele começou a poupar e a investir muito cedo, enquanto eu somente comecei a dar uma reviravolta na minha situação financeira e patrimonial bem depois dos 40 anos de idade. E esse atraso custa caro.

Mas, a partir daquele artigo, comecei a pensar diariamente sobre o assunto, indagando-me sobre coisas com as quais eu jamais perderia meu tempo antes. O quão rico gostaria de ser? Repeti essa questão exaustivamente. Tenho que confessar que, após remoer na minha cabeça diversos valores, eu sinceramente não consegui fixar uma linha de chegada acima da qual um número luzisse em um placar eletrônico, isto é, uma quantia final de quanto eu pouparia para, algum dia, encher os pulmões e gritar "Eu sou rico!". Obviamente, se alguém me legasse US$8 milhões, eu não recusaria.

Mas ponderei com meus botões que estabelecer uma meta para poupar seria uma armadilha, um atalho para a infelicidade. A pressão para guardar qualquer centavo seria enorme se eu fixasse um valor determinado para atingir em uma data limite no futuro. Se me impusesse amealhar US$8 milhões, como fez o velhinho americano, provavelmente levaria uma vida muito infeliz como a que ele me pareceu ter vivido ao ler o artigo do jornal. De que adianta chegar ao fim da vida como rico e tê-la vivido como um miserável? Diante desse argumento, meu projeto "Ficar Rico" não incluiria um valor predeterminado. Mas dessa decisão emergiram outras dúvidas: que quantia de dinheiro me faria pensar "agora basta, sou rico"? Sim, porque em algum momento da vida eu teria que dar por encerrado o meu projeto "Ficar Rico" e começar a aproveitar esse dinheiro. Ou aproveitá-lo seria unicamente viável após o projeto ser dado como encerrado? Poderia eu aproveitar e ser rico antes do prazo final, algo como uma aposentadoria antecipada, na qual eu já usufruiria os benefícios, mas não daria por encerrado o esforço de poupança? Ou essas duas ações seriam contraditórias – começar a aproveitar, gastando, e seguir com o projeto, poupando?

Quando li a matéria sobre o velhinho, eu nunca tinha pensado a respeito de quanto dinheiro gostaria de ter no banco ao fim da vida ou, ao menos, quando me aposentasse. Mas havia, sim, me preocupado com a minha situação financeira, uma vez que eu tinha acabado de quitar uma enorme dívida com cartão de crédito acumulada nos últimos anos. Aliás, já havia começado a mudar hábitos de consumo e de postura em relação ao futuro. Todavia, nunca fui de fazer planos sobre bens e patrimônios. Sequer tive um automóvel. Nem mesmo me dei ao trabalho de aprender a dirigir. Eu simplesmente toquei minha vida, sobrevivendo aos altos e baixos, às vacas magras e gordas, às vicissitudes da vida moderna. Ao me fazer essas perguntas, me dei conta de que tinha vivido como um nômade, viajando, morando em várias cidades e países, trocando de emprego, de casa, de amigos, de terapeutas, de dentistas, de vizinhos, sem nenhum norte, sem nenhuma ambição, não somente financeira, mas também profissional – ou aspirações pessoais.

Nunca tracei um plano para a minha carreira, onde queria chegar, metas, objetivos. Nada disso. Fui acertando e errando nos meus empregos, especialmente errando muito. E esse caráter volátil durante boa parte da minha carreira, de certa forma, se refletiu na minha vida financeira e patrimonial. Por tabela, eu jamais fizera um plano sobre o que gostaria de possuir em cinco, dez ou quinze anos. Jamais me passara pela cabeça o quão confortável financeiramente eu gostaria de estar "X" anos no futuro. Até porque, o meu presente sempre foi tão instável que eu imaginava que o futuro fosse algo longínquo e inatingível, como um planeta em outro sistema solar. Só que, lendo aquele artigo no jornal americano, já avançado na minha quarta década de vida, me ocorreu que o futuro talvez estivesse muito mais próximo do que eu gostaria de admitir. Passei a me perguntar: era a minha rotina atual, financiada pelo meu salário no momento, a que eu gostaria de ter no tal futuro? Além disso: teria eu ainda o privilégio de manter o meu padrão de vida atual no futuro, ou o desenrolar dos anos e da história me negaria isso?

Essas indagações me ocorreram particularmente porque a crise estrutural no jornalismo brasileiro – reflexo também do que se passava na mídia internacional – eliminou tantas vagas de trabalho que os jornalistas padeciam do que devem ter sofrido os condutores de carruagens no início do século XX, quando a chegada do automóvel tornou extinta aquela profissão. O advento da internet, disseminando informações de graça em profusão, abalou as estruturas de jornais e revistas. Repórteres e editores em redações se tornaram figuras raras. Em determinado momento em 2016, no auge da crise econômica que assaltava o Brasil desde meados de 2014, passei a ter mais amigos jornalistas desempregados do que empregados.

Além disso, já não me sentia com o mesmo vigor físico e mental para encarar a rotina corrida e estafante de um jornalista econômico. Não me via, caso perdesse o meu emprego, me candidatando a uma vaga de repórter que sai para a rua, encarando portarias de edifícios à espera de uma autoridade do governo, ou acotovelando-me em entrevistas coletivas à imprensa. Percebi, então, que as minhas opções profissionais tornaram-se bem mais escassas do que eram cinco ou dez anos antes, no mínimo. Foi ao concluir que a profissão mudara inexoravelmente para algo que eu não havia me preparado, e também que eu havia perdido o fôlego de repórter, que percebi a chegada do futuro. Bateu-me à porta, entrou em casa sem cerimônia e mostrou-se um hóspede frio e inabalável.

Nesse momento, reverberou dentro de mim a pergunta sobre qual o valor de poupança eu consideraria o suficiente para encerrar o meu projeto "Ficar Rico". O meu primeiro impulso foi correr na minha cabeça números aleatórios. Cifras que me faziam sorrir silenciosamente ao tomar café da manhã na padaria ao lado da minha casa, na fila do banco para pagar as contas do mês (sim, eu ainda sou um dinossauro que não se rendeu completamente à vida digital) ou simplesmente assistindo à TV no sofá da sala. Não, eu não me joguei de cara nos US$8 milhões. Internamente, algo me dizia que US$8 milhões era uma meta irrealista. Tampouco esse dinheiro todo seria o quanto eu teria em mente, mesmo se nunca tivesse lido o artigo sobre o velhinho americano. Depois de fazer pesquisas e ler vários artigos, concluí que a "regra dos 4%", elaborada pelo planejador financeiro americano William P. Bengen, e também os parâmetros elaborados pela *Fidelity Investments*, uma das maiores empresas gestoras de fundos de investimentos dos Estados Unidos, seriam um bom ponto de partida (leia mais no capítulo "Aposentadoria, o brinquedo mais caro").

E por que considerei US$8 milhões uma meta difícil de ser atingida? Principalmente por causa do ponto de partida do meu projeto "Ficar Rico". Isto é, quando me dei conta de que queria poupar e reunir um patrimônio, eu já tinha deixado para trás mais de duas décadas no mercado de trabalho, ou seja, a fase principal da vida economicamente ativa. Esse meu objetivo teria sido completamente diferente se eu o tivesse estabelecido nos meus vinte e poucos anos. Como aconteceu com Ronald Read, o tempo teria recompensado minha paciência e eu provavelmente estaria escrevendo hoje um livro sobre como me tornara rico antes dos 50. Eu provavelmente teria aproveitado todos os anos em que o governo brasileiro pagou juros exorbitantes para os investidores dos títulos do Tesouro Nacional.

Todavia, ficar lamentando o tempo perdido, ou mergulhar em autocomiseração, seria contraproducente. Eu acabaria me sabotando em algum momento e correria o risco de desistir da empreitada por achar que seria tarde demais para me tornar rico apenas contando com o fruto do meu trabalho. Se é verdade a máxima repisada por tanta gente, de que nunca é tarde demais para qualquer empreitada, lamentar o que se deixou de fazer é perder tempo e energia preciosos. De imediato, fiz um pacto comigo mesmo. Decidi que não valeria a pena ficar rico ganhando na loteria. Se começasse a jogar na Mega Sena, seria um sinal de desespero. Mais ainda: seria uma admissão de fracasso, isto é, de que eu jamais conseguiria ficar rico trabalhando, poupando, investindo e mudando meus hábitos de consumo. Além do mais, ao recusar a opção de enriquecer jogando na loteria, eu provavelmente acabaria economizando bastante. Fiquei pensando nas pessoas que gastam dinheiro em diferentes tipos de jogos de sorte, ou melhor, de azar. Para os poucos felizardos da Mega Sena, quantos não estariam jogando há anos sem ganhar nada? Se os azarados somassem o quanto eles gastaram na loteria ao longo de anos e tivessem poupado e investido, talvez o remorso e o lamento fossem bem maiores do que o meu, de não ter começado o meu projeto "Ficar Rico" na minha juventude. Daí muitos dizerem que a loteria é mais um imposto sobre os pobres. Foi o que acabou concluindo uma amiga minha de Nova York que, desempregada, jogava na loteria americana. Depois de meses gastando dinheiro com a loteria, ela percebeu que poderia ter feito melhor uso da quantia desperdiçada com jogos de azar.

A partir do momento em que decidi embarcar no projeto "Ficar Rico", tomei outra decisão, dessa vez de cunho psicológico. Conclui que, para ter alguma chance de sucesso, eu teria de adotar uma postura constante do ponto de vista emocional, isto é, uma atitude mental que me acompanhasse ao longo da empreitada. Dessa forma, eu talvez pudesse reduzir o risco de esmorecer e jogar tudo para o alto, de me sabotar e desistir dessa jornada desafiadora de poupar, de mudar hábitos de consumo e de investir no longo prazo. A melhor estratégia seria ponderar com serenidade e tranquilidade sobre o projeto, as questões e os obstáculos que o rodeiam, como em quanto tempo eu gostaria de atingir meu objetivo, com que intensidade eu trabalharia para chegar lá e o valor total a partir do qual eu me consideraria "rico". Quanto a essa última questão, já havia chegado à conclusão de que não estabeleceria um valor final a priori. Ao longo dos anos, as pessoas seguem mudando seus objetivos na vida e como encaram a realidade. Quem pode garantir que, após dez anos poupando e investindo para o projeto, eu decida que um valor "X" então amealhado é suficiente para me congratular como "rico", mesmo que, em relação aos padrões de consumo e de patrimônio definidos por grupos de elite da sociedade brasileira, com esse montante hipotético, depois de vários anos de esforço, eu ainda não venha a ser considerado rico pelos outros? Além do mais, um valor que eu consideraria como "riqueza" hoje talvez não seja o caso daqui a dez anos. Quem sabe eu decida estender o projeto por mais cinco ou dez anos além da linha de chegada preestabelecida, talvez me tornando insatisfeito ao longo do tempo com a quantia poupada?

Ao decidir por não fixar um valor final a priori para esse projeto, senti um certo alívio. Foi algo libertador poder dizer para mim mesmo: "Vou ser rico, embora não me importe desde já o quão rico". Por que não simplesmente curtir a caminhada e ter prazer em seguir adiante, a cada dia, com esse projeto? Essa decisão reforçou minha determinação de que eu começaria algo e perseveraria. Foi nessa hora em que considerei as outras duas questões: quanto tempo o projeto duraria e com que intensidade. Também resolvi não estabelecer objetivos fixos no ponto de partida. Metas irrealistas ou que pareçam demasiadamente difíceis de serem atingidas poderiam me desencorajar logo no início. Era preciso, então, enquadrar essas questões em um contexto emocional e psicológico que me fizesse seguir com um projeto sem quaisquer metas. Caso contrário, poderia me soar como se eu não tivesse projeto algum, que querer "Ficar Rico" era um capricho momentâneo. E não era. Ao menos depois que o artigo sobre o zelador milionário nos Estados Unidos me encheu de confiança de que tudo era possível. Duvido que ele também, ao começar a poupar e a investir, tivesse em mente a quantia de US$8 milhões como alvo para atingir ao final de sua vida.

Ocorreu-me, então, comparar a empreitada a que me propus com uma maratona. Aliás, para deixar bem claro o que estava por vir, seria mais lógico pensar na diferença entre correr uma maratona e uma prova de velocidade no atletismo, como a de 100 metros. Essa, sim, deveria ser a atitude mental mais saudável que envolveria o projeto enquanto ele durasse. Se, por exemplo, eu me empolgasse e tentasse poupar e investir com uma grande intensidade, talvez corresse riscos desnecessários ao aplicar o dinheiro. Seria como aquele corredor de uma maratona que dispara à frente dos outros atletas em um arroubo, para apenas ser ultrapassado alguns quilômetros depois, assim que o fôlego se esgotar. Mais ainda: talvez eu me impusesse um padrão de consumo e de vida tão rígido que ele dificilmente se sustentaria ao longo do tempo, dando vazão, em algum momento, a compensações exageradas pelas privações sofridas no meio do caminho. Porém, se encarasse o projeto como uma maratona, as minhas chances de sucesso seriam maiores, ao menos emocionalmente. Primeiro, eu não atropelaria decisões sensatas de consumo, poupança e investimento para conseguir juntar dinheiro em uma velocidade temerária. Segundo, não correria o risco de ver o objeto da minha empolgação ser transferido do projeto "Ficar Rico" para outro alvo considerado mais tangível, como ser um rato de academia para ter um corpo atlético ou me jogar em uma empreitada acadêmica para suprir alguma vaidade. Eu deveria ser aquele corredor estratégico, que poupa a energia física e mental para completar uma corrida de longa duração. "Ficar Rico" não poderia resultar de uma tacada só ou de um impulso imediato, como fazem os velocistas nas provas de 100 metros.

A estratégia, assim, seria de longo prazo, sem me engessar em metas fixas de prazos e valores, mas manter uma postura de maratonista – de perseverança, de estratégia, de paciência, de método e (por que não?) de um novo propósito de vida. Talvez o que eu estivesse me propondo era uma mudança estrutural de comportamento, de princípios e de perspectiva em relação ao meu presente e futuro. Talvez isso fosse o resultado de uma reflexão ou análise do que foi o meu passado. Seria não uma reeducação financeira, como muita gente faz uma reeducação alimentar para uma vida mais saudável. Desse modo, "Ficar Rico" seria apenas um desejo fútil? Uma vaidade? Uma ilusão de que riqueza seria igual à felicidade, como em uma equação a que tantas pessoas acabam simplificando tal questão? Uma atitude infantil, tão próximo de completar meio século de idade? Ou, pelo contrário, seria a mola propulsora para uma mudança de postura em relação à vida? Seria um ponto de partida para uma atitude mais responsável com as minhas finanças? Seria o pretexto para eu me preparar para a terceira idade e evitar privações quando já não tiver condições de me colocar no mercado de trabalho? Seria o combustível mais potente para essa mudança de atitude?

Pensar no meu futuro e como gostaria de estar aos 65 ou 70 anos – "rico", preferencialmente – exigiu, antes de mais nada, refletir sobre o meu passado, isto é, como eu havia chegado à segunda metade da minha quarta década de vida. Definitivamente, rico eu não tinha ficado. Aliás, minha situação financeira estava bem longe disso até uns dois ou três anos antes. Eu ainda não tenho uma casa nem um carro. No entanto, acabei decidindo não possuir esses bens, o que é algo libertador, de certo modo. Mas, em um passado não tão distante dos meus 47 anos (quando comecei a escrever este livro), eu gastava boa parte do meu salário amortizando dívidas no cartão de crédito americano. Depois de dez anos vivendo a boa vida em Nova York, voltei repentina e impulsivamente ao Brasil em 2010, trazendo comigo apenas a experiência profissional e de vida, após anos bons, e outros nem tanto assim, na cidade mais interessante onde já havia morado. No bolso, trouxe comigo um cartão de crédito emitido pelo banco onde eu possuía conta corrente nos Estados Unidos. As dívidas vieram na bagagem. E, diante da minha volta intempestiva e sem planejamento sobre o que fazer quando chegasse ao Brasil, essas dívidas somente aumentaram.

Para entender melhor esse processo, é preciso dizer que, ao final daqueles dez anos em Nova York, comecei a idealizar um Brasil que existia apenas na minha imaginação. Passei a ver o país sob as lentes cor de rosa do Primeiro Mundo. Aparentemente do nada, eis que um belo dia larguei meu emprego americano e decidi que recomeçaria a vida no Brasil. O que me arrependo não é da decisão de deixar uma vida com a qual, sem me dar conta, já me acostumara. O duro foi perceber, já de volta, que eu não me preparara para essa mudança, profissional e emocionalmente. Quando percebi, em um sopro, eu havia abandonado meu emprego na redação de uma das maiores agências de notícias financeiras do mundo, entreguei meu apartamento tão minusculamente aconchegante a poucas quadras do Central Park e deixei amizades construídas ao longo de uma década. Tudo isso sem a menor ideia do que gostaria de fazer no Brasil, onde morar ou como reconstruir a vida.

Essa decisão impetuosa e impulsiva tinha como pano de fundo uma depressão que eu não percebera. Mas a consequência foi muito além do emocional: a volta repentina ao Brasil resultou em uma calamidade financeira. Ao largar, da noite para o dia, uma história de dez anos e uma vida já estruturada em Nova York sem um plano de ação, sem uma rota traçada para a volta, a consequência foi financiar todos os imprevistos no cartão de crédito americano que eu trouxe comigo na bagagem, que já acumulava uma dívida significativa resultante de gastos descontrolados nos últimos tempos de Nova York. O problema é que os imprevistos tornaram-se a norma na minha nova vida paulistana, onde eu desembarquei, e a fatura do cartão não parava de crescer – em dólares.

Um dos efeitos colaterais de se viver em um país como os Estados Unidos e, ainda por cima, em uma cidade como Nova York, é o sujeito desenvolver um consumismo desenfreado para suprir necessidades emocionais e psicológicas. Sim, isso pode acontecer em qualquer lugar no mundo, mas a maior cidade americana oferece tentações inigualáveis. Nos últimos três anos da minha vida em Nova York, passei a comprar e a consumir bens e serviços para suprir frustrações no trabalho, na vida afetiva e nas relações familiares. Em nenhum outro lugar do mundo é tão fácil o acesso a produtos sem nenhuma utilidade, a serviços desnecessários, a bens remotamente distantes do que se considera como produtos essenciais. Com o passar do tempo, a pessoa acaba absorvendo os hábitos e as manias dos outros moradores da cidade – sempre sem tempo para si mesmos, para outrem, para a vida, mas constantemente atordoados pela pressão do trabalho, pela competição por um corpo mais sarado, por um rosto sem imperfeições, por um guarda-roupa impecável, por um sorriso perfeito, por cabelos irretocáveis, pelas férias inesquecíveis e por tantas outras coisas para impressionar outros igualmente exigentes nova-iorquinos.

Os episódios de consumismo patológico foram inúmeros. Em uma manhã ensolarada de um sábado, em 2007, ao me olhar no espelho assim que despertei, decidi que era absolutamente necessário fazer um tratamento a laser para retirar a barba de forma permanente e não mais perder tempo me barbeando. Gastei mais de US$3 mil com o tal tratamento em uma elegante clínica no trecho mais exclusivo da Avenida Madison, que só não custou mais porque interrompi o tratamento no meio. Havia visto a propaganda da clínica em uma famosa revista. O tratamento confinou-me vários fins de semana preso em casa para preservar do sol a pele castigada pelo laser. Depois de quase três meses, vários cheques de várias centenas de dólares a cada sessão e muito desconforto com a pele irritada, vermelha e inchada, tive que admitir que aquele tratamento falhara e eu, apesar do esforço e do dinheiro, seguia com minha barba – apenas agora com falhas que se intercalavam no rosto. Foi dinheiro jogado pelo ralo. Mais um exemplo de que eu comprava e consumia bens e serviços sem a menor lógica, talvez apenas na tentativa de compensar os altos e baixos de uma vida estressada.

Durante os meus últimos anos em Nova York, os gastos inúteis se acumularam. A lista é para lá de embaraçosa, embora nem todos os gastos tivessem me custado tanto quanto o fracassado tratamento a laser para retirar permanentemente a barba. As viagens de férias passaram a ser outro problema, pois desembolsava quantias como se fosse um turista rico. Eu mal escutava a palavra "upgrade", ou uma opção mais cara por um punhado a mais de dinheiro, e a minha resposta imediata era sim. Um exemplo foi a semana de folga que eu aproveitei para passear em Newport, no estado de Rhode Island, reduto dos milionários americanos na virada do século XIX para o século XX. Naquela época, eu estava obcecado pela escritora Edith Wharton, que escrevera livros como "The Age of Innocence" (A Época da Inocência) e "The House of Mirth". Wharton vivera grande parte da sua infância em Newport, onde também se passam várias cenas de seus livros. Decidi ver como viviam os ricos na Era Dourada da economia americana. Escolhi o Hotel Viking, um dos hotéis mais tradicionais da ilha. Ao chegar na recepção, o concierge me perguntou se eu não gostaria de aproveitar uma promoção de uma das mais luxuosas suítes, toda ela mobiliada ao estilo Luís XVI. "Oh, sure!", respondi afirmativamente, sem titubear. Era uma promoção, mas, ainda assim, desembolsei algumas dezenas de dólares a mais do que eu planejara gastar na diária do hotel. Eu topei a oferta sem considerar devidamente o custo de passar algumas horas em um quarto, apenas porque o aparador e as cortinas aumentariam a minha sensação de ter recuado no tempo, mais precisamente para a época dourada de fins do século XIX. Tampouco raciocinei se realmente eu tinha condições de pagar por aquele luxo. Obviamente, a resposta estava na facilidade de ter um cartão de crédito e um limite generoso para me endividar.

Na verdade, aquela viagem serviu como uma fuga de uma realidade desconfortável que atravessava naquele momento no trabalho e na minha vida pessoal. Eu não estava particularmente feliz e acabava por compensar uma ansiedade interior tomando decisões precipitadas de consumo. As viagens eram uma tentação. Em 2008, o inferno astral ainda me perseguia. Resultado: viajei três vezes a

Paris de férias naquele ano. Em uma dessas visitas a Paris, comprei roupas de grife que mal cabiam em mim e que eu certamente não vestiria com a frequência que o preço pago demandaria. Em outra, estiquei a viagem para o vale do Loire, tentando repetir o roteiro que Joaquim Nabuco descrevera em "Minha Formação". Definitivamente, minha cabeça queria estar em qualquer lugar e tempo, menos no século XXI! Viajar três vezes de férias à França não cabia no meu orçamento em Nova York, levando-se em conta o aluguel caro que eu pagava pela localização privilegiada, a anualidade salgada de uma prestigiosa rede de academia de ginástica, entre outras regalias a que me permitia sem pensar sobre a real necessidade delas, sobre as consequências às minhas finanças no longo prazo, sobre o que me levava a mantê-las. Sem falar nas inúmeras visitas que eu fazia a um amigo querido em Washington. Essas visitas nunca eram planejadas antecipadamente, aproveitando promoções de passagens aéreas ou bilhetes de trens. Eu adorava fazer o percurso entre Nova York e Washington na classe executiva do Acela, o trem bala que liga as duas cidades. E o costume de comprar o bilhete de última hora resultava em um custo bem maior.

Nem sempre fui assim tão perdulário. Até porque, por muito tempo da minha carreira, o meu salário mal dava para sobreviver e as minhas preocupações estavam voltadas para cavar um lugar para mim no mercado de trabalho. Os primeiros anos nos Estados Unidos também foram de superação: primeiro, me estabelecer como correspondente de uma agência de notícias brasileira; depois, reconhecer e me adaptar à vida em Nova York como uma etapa de mais longo prazo, isto é, estabelecer vínculos duradouros, como fazer terapia e participar de grupos sociais, fazer amigos. Foram nos últimos três anos na cidade que a vida desandou, por assim dizer, e o meu equilíbrio emocional e psicológico aos poucos foi se desintegrando. Uma confusão interior foi tomando conta de mim. A insatisfação profissional contaminava o lado pessoal e vice-versa, até o ponto em que eu não mais conseguia distinguir a origem do meu desconforto emocional. A indulgência com compras desnecessárias e gastos excessivos foi alimentada pela sensação permitida pela melhora salarial que eu tive após migrar para a imprensa americana. Em 2007, o meu bônus anual, que substituía a figura do décimo terceiro salário obrigatório no Brasil, foi de US$15 mil, antes, obviamente, de pagar quase 40% de imposto sobre esse valor, como era comum nos Estados Unidos. Pouquíssimo tempo depois de depositado na minha conta, esse bônus era apenas uma lembrança do passado, dada a minha então compulsão em gastar.

O descontrole, portanto, não se resumia somente a um consumismo desbragado. Eu era negligente com as minhas finanças e investimentos. Os extratos bancários sempre acabavam em uma gaveta, com o envelope ainda fechado. Para mim, o que importava era receber o contracheque a cada duas semanas. Desde que tivesse dinheiro entrando, o resto era apenas aporrinhação com a qual me entediava lidar. O que eu havia poupado e aplicado em fundos de investimentos ao longo de tantos anos de carreira até então foi aos poucos sendo sacado para fazer frente ao que desembolsava com viagens, tratamentos faciais de resultados duvidosos, itens sem função no meu guarda-roupa, restaurantes caros, livros que exigiriam duas encarnações para serem lidos, entre outras coisas. Em Nova York, o sentimento era que apenas o mais caro servia; apenas o serviço ou o produto com a melhor crítica em jornal ou revista era válido. E tudo isso sempre acabava custando mais, embora não obrigatoriamente fosse o melhor ou o mais adequado às minhas necessidades. Mas, se eu não monitorava quanto dinheiro havia na minha conta bancária, como poderia me impor limites?

Não era o que acontecia quando eu considerava o meu salário baixo, especialmente no Brasil e nos meus primeiros anos de Nova York. A sensação de que o dinheiro poderia ser insuficiente para pagar as contas do mês me forçava a ter um controle muito maior do meu saldo bancário. Poupar sempre foi uma preocupação, embora nem sempre eu conseguisse guardar dinheiro no fim do mês. Mas o fato de que, em alguns momentos da minha carreira, consegui juntar dinheiro em aplicações financeiras, até o momento em que o descontrole começou a erodir aos poucos essa poupança em Nova York, me fez chegar à conclusão que, às vezes, uma confluência de reveses pessoais e turbulências profissionais pode anular momentaneamente hábitos saudáveis.

Essa tempestade perfeita me acompanhou na volta ao Brasil. Antes da viagem de retorno, após pedir demissão do meu último emprego americano, acabei ficando quase três meses em Nova York, ocioso, sem saber o que fazer, gastando como se não houvesse amanhã. Decidira, ao pedir demissão, retornar ao Brasil, mas sem nenhuma ideia do futuro ou de uma data para embarcar de volta. Não queria procurar emprego de jornalista, mas sequer passava pela minha cabeça qualquer outra opção de como ganhar a vida. Assim, os dias começavam e terminavam em Nova York sem que eu tivesse uma rotina, a não ser as refeições diárias, o exercício físico na academia de ginástica, os encontros com amigos para cafés ou jantares e os passeios pela cidade, como se turista fosse, após dez anos. Até que, um dia, um amigo me sugeriu prestar concurso para a carreira diplomática. Nunca havia pensado nisso, até porque eu via o Itamaraty como um reduto da elite brasileira e seus parentes e apaniguados. Mas, o que me despertou o interesse, foi a recomendação desse amigo para me matricular no curso preparatório, que me daria um verniz cultural invejável. O desafio intelectual me fisgou, embora não me apetecesse recomeçar uma carreira, obedecendo ordens de funcionários públicos empertigados em escritórios bolorentos, mesmo que fossem em uma capital europeia. A imagem era injusta, admito. Baseava-se nos vários embaixadores e outros representantes da diplomacia brasileira que eu havia entrevistado ao longo da minha carreira. Todavia, o que mais me fascinava na empreitada sugerida pelo meu amigo era o desafio acadêmico de tentar absorver, em um curto espaço de tempo, um leque variado de disciplinas.

E assim, de uma hora para outra, resolvi apressar minha mudança. Até então, não havia uma data para deixar Nova York. Com a decisão de me inscrever no curso preparatório para o concurso do Itamaraty, cujo início das aulas ocorreria dali a um mês, acabei dando outra guinada na vida, sem planejar e sem ponderar se aquilo era o que desejava para mim no longo prazo. Resultado: o improviso e o impulso sempre se transformam em um custo maior. Primeiro, porque tive que me desfazer dos móveis para entregar meu apartamento em Nova York. Como não tive tempo para vendê-los, restou-me doar o que eu podia para instituições de caridade, ou mesmo deixar uma ou outra peça no lixo. Por fim, como o prazo da minha volta ao Brasil era escasso, fui forçado a pagar uma empresa para que os móveis fossem removidos do apartamento, provavelmente para um lixão. Entretanto, a escalada dos gastos não parou por aí: o curso preparatório custava o equivalente ao valor de um MBA, porém sem o certificado que pudesse comprovar depois que eu não tinha ficado tantos meses sem fazer algo produtivo. Para coroar tantas decisões feitas no improviso, decidi alugar um flat nos Jardins, em São Paulo, por um valor para quem dinheiro não era uma preocupação. E não era mesmo, para quem lidava irresponsavelmente com o futuro, uma vez que, nos meus cálculos, o cartão de crédito americano resolvia tudo. Bastava eu pagar um valor mínimo por mês e rolar o saldo da dívida com juros salgados, ainda que em dólares, embora as taxas cobradas pelas administradoras de cartões no Brasil fossem astronômicas.

O curso foi, de fato, enriquecedor intelectualmente, mas, mesmo antes de seu final, eu havia decidido não prestar o concurso. Foram oito meses de estudo em que nenhuma renda pingava na minha conta corrente. E quando não se ganha um salário, a velocidade com que se gasta dinheiro parece muito maior do que quando se recebe um contracheque. Analisando esse período em retrospecto, cheguei à conclusão de ter me dado um período sabático. No entanto, como tudo ocorreu sem qualquer planejamento, não foi assim que encarei aquele tempo enquanto estava imerso nele. Teria eu aproveitado melhor o sabático caso tivesse pensado cuidadosamente no que faria antes, durante e depois? Teria escolhido um curso preparatório que não acrescentaria nada ao meu currículo? Teria guardado memórias mais felizes desse período se eu soubesse, de antemão, que estava para atravessar uma pausa planejada e rara na vida profissional? Por outro lado, ama-se menos um filho que seja resultado de uma gravidez não planejada?

O início da virada na minha vida financeira, embora ainda sem nenhum planejamento sobre o futuro ou a aposentadoria, foi quando voltei ao mercado de trabalho no Brasil. Ao final do sabático, que acabou da mesma forma que começou, isto é, sem nenhuma reflexão, havia apenas a consciência do desastre financeiro que havia tomado conta da minha vida. Estava mais do que na hora de receber uma renda fixa ao final do mês, de ter um endereço mais permanente, de viver uma rotina mais estruturada no dia a dia, de equilibrar o lado emocional para poder equacionar o aspecto financeiro.

A primeira decisão após conseguir um emprego em São Paulo foi quitar a dívida com o cartão de crédito americano. Isso levaria muito mais tempo do que eu gostaria para acontecer. Assim, antes de mais nada, era preciso fazer um pacto comigo mesmo: evitar gastos desnecessários para sobrar o máximo de dinheiro, a fim de abater um valor significativo da dívida a cada mês. Viagens ao exterior estavam fora de questão até que eu não mais devesse em dólares. Aluguei um apartamento que estava longe de ser o meu favorito na lista de imóveis visitados, mas cabia no orçamento. Comprei um aparelho de telefone celular, o mais simples e barato disponível, optando por um serviço pré-pago. Abri mão de uma assinatura de TV a cabo. Jantava fora com amigos em pouquíssimas ocasiões. Para economizar mais ainda nos fins de semana, a leitura tornou-se minha principal fonte de diversão, uma vez que, felizmente, sempre fui um ávido leitor. Assim, desencavei livros ainda por ler da minha biblioteca particular.

Como fazia muito tempo que não me privava voluntariamente dos meus desejos e impulsos consumistas, resolvi deixar uma folga no meu orçamento mensal para "algum descontrole". Descontava do valor calculado para a parcela de pagamento do cartão de crédito o dinheiro do "desafogo". Era uma pequena quantia que eu me reservava gastar se, emocionalmente, não conseguisse controlar as despesas em um determinado mês. Se, contudo, não sentisse necessidade de usar essa quantia para comprar algo – geralmente por impulso, a fim de aliviar qualquer pressão emocional –, eu automaticamente aumentava a parcela mensal a pagar do cartão de crédito. Essa estratégia era como se fosse a minha apólice de seguro: aquela pequena quantia disponível para gastar ao meu bel-prazer (mesmo que muito modesta) me dava a sensação de não estar completamente amarrado a uma dívida e de não viver sob um espartano voto de pobreza.

Uma despesa da qual eu não abri mão, ao menos nos primeiros anos do meu retorno ao Brasil, foi a minha terapia com a Pearl, a psicóloga americana que me acompanhava havia já alguns anos, e que agora me atendia via Skype. Pelo contrário, encarei o que eu gastava com a Pearl como um investimento para voltar aos trilhos, como uma apólice de seguro para me manter equilibrado. Era o apoio de que precisava para tentar controlar o impulso de consumir sem necessidade. Era o suporte para enxergar com maior clareza a instabilidade que borbulhava abaixo da superfície e me levava a comprar produtos e serviços supérfluos. Não que estivesse livre de qualquer tropeço, mas a terapia me dava ferramentas para respirar fundo e refletir antes de me arriscar a comprometer uma parcela grande da minha renda novamente e por um prazo mais longo, como foi o meu sabático impensado, marcado por um endividamento crescente e nenhuma poupança prévia. Mais do que isso: a terapia poderia me fornecer as ferramentas para tomar decisões mais equilibradas sobre o meu orçamento, sabendo organizar a alocação do salário entre o pagamento de dívidas e o consumo consciente de bens e serviços necessários. O importante não era atingir a perfeição todos os meses, mas conseguir uma consistência saudável para honrar minhas obrigações financeiras e ainda me sentir relativamente contente no dia a dia. Todavia, a alta consistente do dólar nos últimos anos, em particular em 2015, quando disparou quase 49% frente ao real, tornou inviável seguir com a terapia. Com muita tristeza, cortei essa despesa em dezembro de 2015 para conseguir manter a meta de taxa de poupança do meu salário anual que eu havia me imposto, embora com a certeza de que as sessões com a Pearl haviam me proporcionado, nos últimos anos, ferramentas importantes para lidar com os descontroles emocionais.

Ter paciência ao pagar a dívida do cartão de crédito e ficar com muito pouco dinheiro disponível ao final do mês foi o maior desafio psicológico. Perseverar impondo limites ao meu orçamento exigiu um controle emocional que eu achava não existir em mim. Tudo isso tornou-se ainda mais difícil diante da situação do Brasil a partir de 2011, quando a presidente Dilma Rousseff assumiu o poder: a recuperação da minha vida financeira coincidiu com a lenta deterioração da economia brasileira observada ao longo do governo da petista. A cada ano da gestão Dilma Rousseff, a atividade econômica perdia fôlego. O crescimento arrefeceu até o Brasil entrar em profunda recessão. As contas do governo entraram no vermelho, desembocando em um rombo de bilhões e bilhões de reais como reflexo de gastos públicos descontrolados, subsídios e incentivos fiscais excessivos e arrecadação em queda, em razão de uma economia anêmica.

Antes que a crise econômica e política do Brasil atingisse seu auge, eu já havia conseguido pagar totalmente a minha dívida com o cartão de crédito. E foi graças ao fato de o dólar ainda ficar boa parte do tempo abaixo de R$2 que consegui quitar essa dívida, levando quase 1 ano e meio nessa empreitada. Se o dólar estivesse bem acima de R$3 ou próximo de R$4 (como aconteceu em vários momentos), eu jamais teria conseguido eliminar tal dívida naquele prazo. Mas, enfim, estava livre, portanto, para começar a economizar, a acumular uma poupança para o futuro, a investir no longo prazo. Mas a deterioração da conjuntura econômica e política me exigia uma nova avaliação detalhada sobre o que fazer: como gastar eficientemente o que sobrava do salário no fim do mês, quanto alocar para uma reserva de emergência e onde aplicar o dinheiro visando o futuro. Dois fatores principais que ficaram mais evidentes na economia brasileira tornavam essa avaliação tão mais importante.

Primeiro, desde o fim de 2014, a inflação em alta passou a erodir o meu poder de compra com uma velocidade impressionante, enquanto que o meu salário já vinha sendo reajustado a uma taxa anual bem menor do que os índices de preços apontavam nos últimos anos. Da mesma forma, o aluguel passou a pesar mais na renda, assim como o que eu pagava pelo trabalho da faxineira e por outros serviços. A quantia disponível do meu salário foi diminuindo e me forçando a rever gastos à medida que a inflação acelerava com força, até superar os dois dígitos em 2015. Foi nesse momento que eu tive de abrir mão de gastos que considerava, até então, indispensáveis, como as sessões de terapia que tanto me haviam me ajudado nos últimos anos a entender, por exemplo, de onde vinham os impulsos consumistas. Ao cortar esse item do meu orçamento, ponderei que a minha psicóloga havia me proporcionado ferramentas suficientes para seguir adiante com uma reserva emocional maior para lidar com aqueles impulsos. Segundo, havia o fantasma do desemprego. O jornalismo era apenas um dos vários segmentos da economia com demissões em alta. Em determinado momento da crise, eu tinha mais amigos vivendo de trabalhos temporários do que com empregos de carteira assinada.

O temor do desemprego e a perda do poder de compra me deixaram temporariamente em um estado de paralisia financeira após ter me livrado da dívida com o cartão de crédito. Durante alguns meses, não sabia exatamente o que fazer com o dinheiro que sobrava do salário no fim do mês. Isso porque eu não sabia responder a uma pergunta básica: por quanto tempo poderia deixar o dinheiro aplicado? Se eu perdesse o emprego no curto ou médio prazo, talvez precisasse de liquidez para me manter por algum tempo, sem recorrer ao cartão de crédito para financiar minhas necessidades mais triviais. A incerteza sobre o futuro próximo me impedia de tomar uma atitude. Como sempre agi por impulso ao consumir, decidi não me precipitar em aplicar o dinheiro em algum produto financeiro que implicasse uma penalização em taxas caso fosse obrigado a resgatar os recursos antes do prazo. Até por ter ainda pouco dinheiro para poupar, fui deixando o que sobrava do salário se acumular na conta corrente, o que, talvez, não fosse a estratégia mais inteligente a adotar, mas uma solução que eu considerava emocionalmente confortável, comparada ao meu histórico recente de decisões precipitadas que acabaram me custando caro no médio e longo prazo. Preferi perder alguma oportunidade de rendimento a aplicar em um instrumento financeiro do qual viesse a me arrepender no futuro. A única exceção foi o plano de previdência privada oferecido pela minha empresa. A vantagem era clara: para cada centavo que eu contribuísse para esse fundo, a empresa igualava a contribuição até um limite do meu salário. Além disso, a empresa custeava boa parte das taxas cobradas pelo fundo, o que melhorava a rentabilidade da carteira. No início, optei por uma contribuição modesta ao fundo a ser descontada mensalmente do salário, o que tornaria essa poupança automática praticamente indolor – um valor que pudesse passar quase que despercebido na hora de checar o meu contracheque e a conta corrente. Ou seja, fazer essa poupança automática pouco exigiria em termos de controle financeiro. Mas, ao longo dos anos no emprego, fui aumentando essa contribuição para aproveitar ao máximo esse benefício. Um deles, por exemplo, é poder abater o valor anual da minha contribuição na declaração do Imposto de Renda até 12% da minha renda anual. No fim das contas, não seria um sacrifício nem uma decisão arriscada comprometer uma quantia do salário em uma aplicação que dificilmente me causaria arrependimento no futuro.

Foi somente nesse momento da vida, quando o desemprego crescente e a inflação em acelerada alta injetavam uma dose grande de insegurança em mim, que aquele artigo sobre Ronald Read, o velhinho americano que deixou uma fortuna ao morrer, veio me sacudir da paralisia. A história de vida dele me fez ver que o que eu precisava, independentemente da conjuntura econômica e política do Brasil, era o seguinte: planejamento, paciência e perseverança. Ou seja, precisava traçar um plano de poupança e investimento, melhorar a qualidade dos meus gastos – identificando desperdícios e desembolsos desnecessários, ou que poderiam ser adiados sem maiores prejuízos – e maximizar os ganhos em aplicações financeiras, levando em conta horizontes de curto, médio e longo prazos em que o dinheiro pudesse ficar investido.

O cerne da questão resumia-se, na realidade, a uma única palavra: disciplina. Traçar um plano financeiro para o futuro, por melhor fundamentado que seja e com metas mais realistas e conservadoras para torná-lo viável ao nosso consciente e inconsciente, é bem menos complexo do que executá-lo ao longo de semanas, meses e anos – mesmo que não sejamos surpreendidos por nenhum fator inesperado ou extemporâneo, como a perda do emprego. Quem garante que manteremos a disciplina exigida para atingir os objetivos do plano ao longo dos anos, quando as nossas ambições materiais e emocionais são passíveis de mudanças tantas vezes ao longo da vida? E se em dois, cinco, dez anos eu quiser largar tudo e passar uma temporada no exterior? Ou mudar de cidade no Brasil?

Talvez essa seja a vantagem de ter lido o artigo sobre o zelador milionário quando eu estava bem mais próximo da terceira idade do que quando era apenas um jovem adulto sedento por desbravar o mundo. Ao ter começado a pensar no futuro tão tarde na vida, sem ter acumulado qualquer patrimônio, a premência em poupar torna-se uma aliada da disciplina. Para mim, o futuro agora parece bem mais palpável do que até os trinta e poucos anos. Assim, o ímpeto para dar vazão a veleidades e a desejos de mudanças mais radicais é significativamente menor. Ao contrário do passado, deixo fluir ideias ou sonhos repentinos de mudanças, mas sem me obrigar a agir e tentar colocá-los em prática. Passado algum tempo, pondero sobre onde e como quero estar no futuro e, com isso, administro melhor o risco de sair dos trilhos do que planejei financeiramente. Exemplo: por mais que me apetecesse passar um ano fora do Brasil para me dedicar exclusivamente a uma pós-graduação, esse é um sonho descartado quando calculo a perda de renda ao deixar o mercado de trabalho formal por um período qualquer de tempo – não somente direta, a exemplo da perda do salário, como também indiretamente, como os recursos depositados no Fundo de Garantia do Tempo de Serviço (FGTS) ou a contribuição obrigatória para o INSS.

A base de sustentação do meu projeto "Ficar Rico", obviamente, depende de um fator que não está 100% nas minhas mãos: manter o emprego, uma vez que, sem uma determinada renda pingando consistentemente na conta corrente todo mês, seria impossível atingir as metas de poupança e, portanto, seguir uma estratégia de investimento. Com a transformação estrutural do mercado de trabalho no Brasil, ter um emprego com carteira assinada e todos os benefícios garantidos pela legislação trabalhista tornou-se cada vez mais raro. Na década de 1990, por exemplo, trocar de emprego chegava a ser corriqueiro, tamanha a rotatividade nas redações de jornais, revistas, rádio e TV do Brasil. Assim, manter o mesmo emprego não era uma preocupação de longo prazo. Desde 2012, contudo, as vagas foram minguando, assim como o salário médio. Se, no passado, eu pedia demissão sem pensar nas consequências, tendo a certeza de que não tardaria nem uma semana para ser contratado novamente, hoje em dia olho para o meu emprego com a determinação de permanecer nele até a aposentadoria. No entanto, o problema não é mais deixar uma possível insatisfação me levar a pedir demissão prematuramente, mas que condições econômicas e financeiras da empresa ameacem a minha permanência nele. Quantos profissionais mais experientes e com salários mais elevados perdem lugar para outros mais jovens e mais baratos?

Ainda que eu consiga manter meu emprego durante a atual crise econômica que o Brasil atravessa, sobrevivendo às inúmeras rodadas de demissões, outra dúvida surge: quanto tempo de carreira ainda me resta após mais de 28 anos no batente como jornalista? Ao traçar meu plano de investimento e de poupança, decidi utilizar como hipótese uma idade de aposentadoria de 65 anos. Seria, assim, uma premissa otimista: a de que eu conseguiria manter o meu emprego com o nível de salário atual por 17 anos. É possível ficar rico em apenas 17 anos de poupança e investimento, partindo de uma base modesta de recursos e dispondo apenas do que sobrar do salário após os gastos inevitáveis com aluguel, alimentação, vestuário, transporte, médicos, remédios, entre outras necessidades básicas? Uma das opções para se chegar ao objetivo não é somente cortando gastos, como muita gente pensa imediatamente. Mas é, também, imaginando maneiras de aumentar a renda, como o trabalho "freelancer" ou outra atividade além do emprego formal.

O tempo é o maior aliado para quem quer poupar e investir. Quanto mais cedo se começa a juntar dinheiro e colocá-lo para render e se multiplicar, maiores serão as opções de investimentos e a probabilidade de se chegar ao objetivo traçado. Para terminar a vida com US$8 milhões, o velhinho americano precisou de décadas. Teve paciência e perseverança. Foi disciplinado. Não cedeu a tentações aparentemente fáceis de acelerar os ganhos. Tampouco torrou o que vinha guardando mudando o rumo de sua vida movido por impulsos. Comprou ações de empresas americanas sólidas e sentou em cima. Poupou e investiu. Terminou a vida como milionário, apesar de os seus empregos – zelador e frentista – não necessariamente levassem alguém a imaginar que deles se pudesse amealhar uma fortuna.

Certamente, 17 anos restantes até atingir a idade de 65 anos (como visa a proposta da reforma da aposentadoria para o início do pagamento dos benefícios pelo INSS) serão insuficientes para que eu consiga juntar US$8 milhões apenas com base no esforço de poupança e investimento do meu salário de jornalista. Muito provavelmente não conseguirei atingir nem uma parcela pequena disso. Mas quem garante que, com disciplina e perseverança, eu não consiga juntar uma quantia que me permita uma aposentadoria confortável quando eu pendurar as chuteiras, mesmo que não decida por isso voluntariamente, se acaso for vítima de demissão? Não é, contudo, razoável estabelecer desde já o que será uma renda confortável para o Fábio aposentado. O padrão de vida ao que se está acostumado aos 40 e poucos anos pode não ser o mesmo aos 65 ou 70 anos de idade.

De qualquer maneira, o esforço de poupança a partir de uma idade avançada terá de ser muito maior e mais intenso do que se eu tivesse começado aos meus vinte e poucos anos. Inútil é ficar se lamentando pelo tempo perdido. O fato é que o número de pessoas que começa tardiamente a pensar em poupar para o futuro não é desprezível. Eu provavelmente não estarei sozinho nessa empreitada. Quantos brasileiros, profissionais liberais, urbanos, solteiros ou jovens casados, com ou sem filhos, não negligenciaram as finanças pessoais por muito mais tempo do que deveriam?

O primeiro erro a ser evitado, portanto, é sabotar o projeto "Ficar Rico" ao dar margem a pensamentos como "é tarde demais para começar", "será uma missão impossível juntar tanto dinheiro assim", ou, ainda, "é melhor deixar de lado esse projeto e seguir aproveitando a vida como se não houvesse amanhã".

Isso significa que, ao longo dos próximos 17 anos (uma vez que tenho 48 anos no momento em que estou prestes a acabar de escrever este livro), eu vou abdicar de qualquer diversão e viver de forma espartana? Ao contrário do senhor Ronald Read, o velhinho americano, prefiro desistir de acumular uma fortuna, mesmo que uma fração dos US$8 milhões, se para isso eu tiver de abrir mão de fazer uma viagem a um lugar dos meus sonhos ou me dar um presente especial ao longo dos próximos 17 anos. Tudo bem se eu tiver que me privar disso por alguns anos, especialmente se tiver de formar uma reserva financeira de emergência, mas não é viável passar por essa privação indefinidamente. Porém, o que acontecerá daqui em diante é tomar decisões de consumo com maior racionalidade e sensatez. Viajar ao exterior todos os anos é, provavelmente, incompatível com a minha meta de amealhar minha pequena fortuna, seja ela qual for. Talvez eu possa incluir no meu planejamento financeiro uma grande viagem a cada cinco anos daqui em diante, uma vez que viajar sem planejamento e estourando o orçamento foi o que sempre fiz desde que passei a ter condições para isso. Saber aproveitar as férias permanecendo em casa pode ser um bom desafio, e não necessariamente algo fadado ao tédio e ao descontentamento. Do mesmo modo, não cabe mais nesse esforço jantar fora duas ou três vezes por semana, ou até mesmo uma vez por semana.

Uma coisa é certa: o objetivo nem de longe é que o projeto "Ficar Rico" se torne uma camisa de força, uma prisão que cerceie até os pequenos prazeres. Pelo contrário, quero saborear esse processo, aprendendo a ter equilíbrio nas minhas decisões de consumo e a dar sentido aos meus gastos. Ao invés de olhar o planejamento de poupança e investimento como mero limite ao que eu posso fazer com o meu dinheiro, levando-me até a crer que estou abdicando de hábitos, prefiro ver o lado positivo de me forçar a encontrar contentamento e felicidade em atividades que não necessariamente signifiquem um atentado ao meu bolso: ler livros esquecidos na estante, ir a eventos culturais gratuitos ao público, descobrir parques e jardins da cidade. Objetivos puramente materiais do passado recente, como o de comprar a casa própria, foram reavaliados. Não os descartei, mas agora me pergunto: será que este é o momento ideal para comprometer minha renda com uma compra que exigirá um esforço de longo prazo? Antes de responder, passei a me dar uma semana para ponderar a questão com calma. Até porque houve um tempo, por exemplo, em que possuir uma linha fixa de telefone era sinal de status, um patrimônio que constava até nos testamentos. Não mais. Há 30 anos, quem diria que uma linha fixa de telefone seria um objeto raro de se encontrar nas residências? Assim, por que não parar e pensar com cuidado se a casa própria será ainda um patrimônio considerado tão imprescindível no futuro como é hoje, especialmente para quem é solteiro e não tem filhos para quem possa deixar como herança.

Seja como for, o projeto "Ficar Rico" parece prometer recompensas muito além das financeiras. Mesmo que, ao final da empreitada, o valor amealhado fique infinitamente aquém para alguém se chamar de rico, repensar a postura de vida em direção a decisões mais equilibradas já traz um ganho pessoal. Começar tardiamente como eu, próximo aos 50 anos de idade, a planejar o futuro financeiro pode colocar, de fato, maior pressão sobre o quanto poupar, onde investir, onde não aplicar, como gastar. Por outro lado, as realizações pessoais e a experiência de vida até o momento reforçaram o meu desejo (ou necessidade) de priorizar a disciplina, a perseverança e a paciência que me faltavam na juventude. Se, de um lado, a maturidade encurtou o espaço de tempo para "Ficar Rico", de outro, me deu tranquilidade para curtir o que parece ser uma longa caminhada, com a consciência de ser flexível para ajustar as metas e as estratégias no meio do caminho sem descaracterizar o objetivo maior, que é o de garantir o conforto financeiro para a fase de vida em que eu talvez já não faça mais parte do mercado de trabalho. Desconfio que o tal velhinho americano não tenha atravessado décadas poupando e investindo com o objetivo, desde novo, de se tornar um milionário ao final da vida, ou que ele chegasse todo dia de manhã no trabalho e gritasse para os colegas: "Eu vou ser R-Y-K-O!". Da minha parte, eu não hesito em admitir que talvez o meu grito de guerra não passe de uma fantasia pueril. Mas a história daquele velhinho me fez acreditar que tudo é possível e que, quem sabe, haja um fundo de verdade e de profecia nos ditados populares que comumente repetimos apenas como força de expressão. Por que não eleger como mantra – e repetir todos os dias que nem prece – a expressão "de grão em grão a galinha enche o papo"?

Talvez a recessão profunda que atingiu a economia brasileira tenha diminuído o incentivo e o ímpeto de eu me lançar com obstinação no projeto "Ficar Rico", afinal, como pensar em longo prazo se toda a minha energia estava focada em sobreviver (manter o emprego) no curto prazo? Não é fácil fazer um planejamento financeiro e segui-lo à risca quando se atravessa a pior crise econômica em gerações. Desde 2014, quando o Produto Interno Bruto (PIB) sinalizava que um período longo de vacas magras estava a caminho, tudo o que os brasileiros podiam fazer era encontrar meios para se defender da recessão e da inflação alta. Como jornalista econômico, pude antecipar os tempos bicudos que 2015 e 2016 trariam, embora não imaginasse a gravidade do tombo na economia brasileira. Lembro-me de ter dito aos amigos e familiares, a partir da reeleição da presidente Dilma Rousseff, em outubro de 2014, para evitarem contrair dívidas e tentarem entrar no ano seguinte com uma reserva financeira, especialmente porque a taxa de juros voltou a ser elevada pelo Banco Central após aquelas eleições presidenciais, puxando para cima, por tabela, o custo do dinheiro para quem precisa contrair empréstimos. Foi o que fiz naquele momento: passei a evitar dívidas e procurei pensar em todas as formas para acumular uma reserva de emergência e uma poupança. Antes de comprar um produto ou contratar um serviço, repetia a seguinte pergunta duas vezes, no mínimo: o quanto eu absolutamente preciso disso neste momento?

Obviamente, não consegui ser tão espartano o tempo todo, mas fiquei satisfeito em conseguir conter, em boa parte das vezes, o impulso de comprar algo que não fosse indispensável. O resultado disso foi que cheguei ao início de 2017, quando o Brasil começou a deixar para trás o pior da crise, em condições de planejar melhor o que fazer com o dinheiro, tanto para me permitir ter mais opções responsáveis e comedidas de consumo no curto prazo quanto para maximizar as minhas aplicações financeiras de médio e longo prazos. Esse momento de virada não podia ser melhor para dar um gás no meu projeto "Ficar Rico": uma incipiente recuperação mais sustentável da atividade econômica brasileira em 2017, combinada a uma desaceleração mais forte da inflação, em relação à salgada taxa anual de 10,71% registrada em janeiro de 2016.

Começar tardiamente a poupar e a investir não é o mais recomendável para garantir um futuro financeiramente confortável, porém é apenas o que é possível fazer diante das circunstâncias da vida, sejam elas materiais ou emocionais. O segredo é ter paciência, não se desesperar diante da empreitada aparentemente impossível, não se deixar sabotar emocionalmente pela difícil tarefa adiante e ter a tranquilidade de aceitar que não há mais tempo e dinheiro para se desperdiçar. Quem me garante que, diante das transformações estruturais do mercado de trabalho, eu terei mais 15 anos de vida economicamente ativa mantendo o mesmo nível salarial? Impossível dizer, mas desistir, de imediato, de seguir uma estratégia e um planejamento financeiro de longo prazo por estar menos esperançoso e otimista com o futuro não vai me fazer chegar ao meu objetivo de "Ficar Rico", por mais fantasioso que possa parecer quando se dá a largada em um projeto tão ambicioso. Afinal, a vida me mostrou que o futuro chega bem mais rápido, e antes do que a gente pensa!

REFERÊNCIAS BIBLIOGRÁFICAS

PRIOR, Anna. *Route to an $8 million portfolio started with frugal living.* The Wall Street Journal. Nova York. 19/03/2015. Disponível em: < **https://www.wsj.com/articles/route-to-an-8-million-portfolio-started-with-frugal-living-1426780320**>

FRANK, Robert. *What is 'wealthy'? $5 million and plenty of cash.* CNBC News. 22/07/2013. Disponível em: < **http://www.cnbc.com/id/100904381**>

TUTTLE, Brad. *What it means to be 'wealthy' in America today.* Time.com. 24/07/2013. Disponível em: **http://business.time.com/2013/07/24/what-it-means-to-be-wealthy-in-america-today/**

Credit Suisse Research Institute. *Global Wealth Report 2016.* Disponível em: <**https://doc.research-and-analytics.csfb.com/docView?document_id=x739009&serialid=sajxYDEX%2bHPA9cxn1OijySjOeF6Cm6HQWR%2bHcvJXhDo%3d**>

CHADE, Jamil. *Crise gerou fuga de 2 mil fortunas do Brasil.* O Estado de S. Paulo. Janeiro/2017. Disponível em: **http://economia.estadao.com.br/noticias/geral,crise-gerou-fuga-de-2-mil-ultra-ricos-do-brasil,70001690325**

Knight Frank Research. *The Wealth Report 2017.* Disponível em: **http://content.knightfrank.com/research/83/documents/en/the-wealth-report-2017-4482.pdf**

HARGREAVES, Steve. *How rich is rich?* CNNMoney.com. 09/08/2010. Disponível em: **http://money.cnn.com/2010/08/09/news/economy/wealth/**

ÍNDICE

A

Abrainc, 116, 134, 144
Acionistas Minoritários, 35, 65, 72-73
Ações, 28, 194, 223
Adultos, 6, 15, 148, 149, 190, 191
África, 191
Alfabetizado, 149-151
Alimentação, 7, 12, 52, 122, 156, 163, 223
Aluguel, 119- 120, 125, 128, 134-139, 141-143, 163, 167-168, 173, 208, 217, 223
Ansiedade, 154, 207
Aposentadoria, xi, 53-58, 142, 147, 222-224

B

Banco Central, vii, 46-48, 79, 82, 86, 90-91, 95, 97-100, 105, 112-113, 129, 137, 144, 175-176, 228
Banco Mundial, 147
Bancos, xiii, xviii, 17, 35, 36, 38, 45, 84, 110, 112, 116, 125, 130-131, 149, 157, 175
BM&FBovespa, 45, 48, 80, 95, 127, 173, 175
Bolha imobiliária, 111, 115, 118

Bolsas de Valores, 33, 35, 64, 67, 68, 93, 186, 187, 188

C

Capitalismo, 187
Carga Tributária, 86-87
Carregamento, 37-39, 41, 44
Cartão de crédito, xv, 2, 124-125, 148-149, 153, 157, 174, 177, 195, 203-204, 207, 212, 214-218
Casa Própria, xi, 2, 109-113, 176, 226
CDB, 78, 83, 130
CDI, 77-79, 83, 92, 130
Cobertura, 15, 52-54, 170
Consumo, 7, 12, 20-34, 140-229
Contas bancárias, 148
Contribuição, 11, 13, 14, 15, 16, 17, 22, 36, 39, 40, 41, 43, 44, 141, 165, 219, 221
Crise, xviii, 14, 30, 47, 66, 69, 78, 80, 111, 115, 116, 117, 131, 133, 161, 166, 167, 191, 196, 217, 218, 222, 228, 229, 231

D

Déficit Fiscal, 47, 64, 88, 133
Descontrole, xv, xix, 64, 209-210, 214
Desperdício, 172

233

Dilma Rousseff, 47, 75, 79, 80, 87, 97, 137, 216, 228

Dinheiro, xiv, 90-98, 209-230

Disciplina, 36, 38, 39, 55, 56, 164, 174, 177, 220, 221, 224, 227

Diversificação, 148, 151

Dívida, xiii, 2, 78, 86-91, 99, 101, 122, 124-125, 132, 149, 158, 177, 195, 204, 212-218

Dividendos, 68, 152, 192

Dólar, 5, 30, 34, 76, 89, 96, 97, 129, 131, 137, 216, 217

E

Educação Financeira, 147, 174-175, 178-179

Emergência, 20, 49-50, 74, 81, 155, 217, 225, 229

Emprego, xi, 1, 13-21, 25, 44, 51, 65, 68, 90, 110, 196, 204, 211-219, 220, 222, 223, 228

Equilíbrio, 44, 168, 170, 186, 209, 226

Estados Unidos, 5, 20-31, 52, 64-73, 92, 152, 159, 177, 186, 187, 192, 197, 201-209

Estratégia, 2, 4, 6, 7, 12, 32-33, 42-43, 46, 50, 54, 56, 67, 87, 151-153, 159, 176, 186, 193, 199, 202, 215, 219, 222, 230

F

FGTS, xii, 120, 125, 221

Financiamento imobiliário, 3, 34, 110, 115, 123, 124, 128, 135, 138, 139, 140, 141, 142, 158, 159, 164

Fortuna, 1, 2, 64, 67, 68, 71, 98, 152, 165, 184, 185, 186, 188, 189, 193, 220, 224, 225

Fundos Fechados, 17, 41, 42

Futuro, xii, xiii, xvii, 2-4, 149-151, 229-230

G

Gastos Públicos, 47, 55, 64-65, 86, 88, 90-91, 94-100, 133-134, 216

Governança, 65, 72, 99

H

Hábitos, 12, 34, 151-154, 159, 160, 165-169, 172, 188, 195, 198-199, 205, 210, 226

I

IBGE, 16, 46, 100, 131

Ibovespa, 72-76, 79, 131, 139

Idade, 1, 56, 141

Imóveis, xi, 5, 92-98, 111-117, 122-124, 128-140, 164-165, 189-190, 214

Imposto de Renda, xiv, 36, 40, 44, 48, 80, 83, 127, 138, 219

Impulso, 98, 155, 197, 202, 212, 215, 218-229

Incentivo Fiscal, 36-44

Inflação, xi-xviii, 29-31, 43-48, 55, 186, 217-220, 228-229

INSS, xii, xiii, 4, 11, 13, 17, 18, 23, 30, 32, 44, 53, 56, 142, 150, 221, 224

Investimentos, xvi, 75, 223

IPCA, 46, 47, 48, 85, 91-95, 129, 131

IVG-R, 112, 113, 129-131, 144

J

Jornalismo, 166, 193, 196, 218

Juros, 5, 31, 33, 71-102

L

LCA, 78, 83, 92, 130

Liquidez, 33, 43, 49, 50, 84, 187, 218

Lucros, 66, 70, 73, 79, 96, 99

M

Meta, 32, 34, 44, 48, 91, 94, 98, 100, 152, 158-164, 176, 185, 192, 194, 197, 198, 216, 225

Metro Quadrado, 114, 115

Michel Temer, 11, 89, 100

Milionários, 186, 190-191, 206

O

Orçamento, xiii, xvi, xviii, xix, 6, 21, 50, 139, 152-156, 162-168, 173-176, 208, 214-218, 225

Organização, xv-xvi, 6, 151-158, 165-167

P

Patrimônio, xi, 1-5, 18, 36-46, 93-94, 120, 131, 151-164, 187-191, 198, 200-221, 226-227

Perseverança, 111, 152, 157, 177, 188, 202, 220-224, 227

Pesquisa, 6, 18-23, 52, 57, 99, 124-125, 137, 147-149, 174-175, 179, 189

PGBL, 24, 35-41, 43, 56

PIB, 3, 66, 86-91, 95-96, 99-100, 228

Pirâmide, 6, 190, 191, 193

Planilha, xiv, 163, 167, 171, 173-174

Plano Real, xii, xviii, 64, 71, 74, 87, 101

Planos Abertos, 17, 40, 41, 42

Pobreza, 185, 215

Poupança, xii, xix, 25-34, 129, 226

Previdência, xiii, xvi, 24, 26, 28, 35-42, 44, 45, 53, 56-57, 176, 219

Produtividade, 66, 186

R

Recessão, 14, 16, 88, 100, 112, 116, 132, 134, 136, 138, 165-166, 167, 191, 216, 228

Reforma, 11-12, 18-19, 22, 24, 47, 55, 89-90, 94, 100, 109, 117, 118-119, 122, 126-129, 132, 139, 140, 224

Renda, xiv, 15, 18-40, 42-45, 64-65, 76-86, 92-95, 116, 123, 130-133, 152-153, 162-167, 224, 226

Renda Fixa, xvi, 33, 35, 37, 38, 43, 45, 46, 50, 64, 65, 71, 74, 76, 77, 78, 79, 82, 83, 85, 86, 92, 93, 94, 130, 133, 138, 164, 165, 170, 213

Rentabilidade, 29, 31, 33, 45, 48-49, 70-75, 78, 80-83, 92, 95, 98-99, 129, 131, 137-139, 165, 219

Reservas, xiii, 20, 21, 128

Retorno Composto, 5, 31, 46, 50, 67-71, 81, 84, 93-94, 102, 159, 165

Riqueza, 2, 6, 65, 94, 189-192, 200, 202

Riscos, 20, 42, 78, 92, 100, 148, 201

S

Salário, xii, 14-16, 24-26, 28, 34, 44, 50, 155, 157, 166-167, 170-188, 192-196, 203, 208, 215-224

São Paulo, 1, 7, 25, 53, 57, 110, 114, 119, 121, 124, 134, 167, 170, 212, 214

Saúde, 2, 4, 7, 51-54, 69, 99, 122, 132, 156, 168, 170, 176, 188

Seguro, 45, 86, 94, 113, 165, 215

Selic, 47, 79, 82, 85, 90-92, 97-98, 130, 131, 139

Serviços bancários, 157

SFH, 125

Sociedade, xii, 55, 82, 87, 101, 134, 150, 175, 200

Standard & Poor's, 29, 70, 147, 178

Subsídios, 216

Supérfluos, 215

SUS, 51-53

T

Taxa de Administração, 37-41, 138

Taxa de Reposição, 22

Taxa de Resgate, 28-32

Tesouro Direto, 45-50, 81, 85, 95, 104, 128

The Wall Street Journal, 67, 103, 184, 231

Títulos, 5, 28-37, 45-50, 64, 78, 80, 85-88, 92, 101, 128-133, 139, 160-165, 198

V

Valorização, 5, 66-67, 70, 97, 112-115, 122, 128-135, 140, 165

Veículos, 124, 132, 166

Viagens, 35, 50, 55, 152, 155-156, 163, 171, 186, 206-207, 210

Volatilidade, xi, 31, 35, 43, 51, 73-79, 161

W

Warren Buffett, 63, 70-71

William P. Bengen, 28, 161, 197